电力客户用电服务

一本通

刘铜锁　编

中国电力出版社
CHINA ELECTRIC POWER PRESS

内 容 提 要

为了提高用电服务水平，为广大电力客户提供可靠便捷、智慧温暖、优质高效的新型供电服务，同时也为了让电力客户更加深入透彻地了解用电常识、用电业务办理流程，解答客户疑问，本书依据相关法律法规，国家电网公司电力营销工作规章制度、业务流程，结合电力营销工作实际，以一问一答的形式解答了电力客户在办理用电业务和使用电力过程中普遍存在的用电问题，主要内容包括：电能计量常识和规范、电价电费常识和规范、业扩报装规范、电力营销新型业务、安全用电常识、家庭用电常识等。

本书融知识性、实用性、时代性、规范性为一体，作为指导广大电力客户方便、快捷地办理各项用电业务、安全地使用电能的咨询工具，也可以作为电力员工服务客户的学习用书。

图书在版编目（CIP）数据

电力客户用电服务一本通 / 刘铜锁编著. —北京：中国电力出版社，2018.8（2018.12重印）
ISBN 978-7-5198-2403-7

Ⅰ . ①电… Ⅱ . ①刘… Ⅲ . ①电力工业—工业企业管理—营销服务—中国—问题解答
Ⅳ . ① F426.61-44

中国版本图书馆 CIP 数据核字（2018）第 209408 号

出版发行：中国电力出版社
地　　址：北京市东城区北京站西街 19 号（邮政编码 100005）
网　　址：http://www.cepp.sgcc.com.cn
责任编辑：宋红梅（010-63412383）
责任校对：朱丽芳
装帧设计：张俊霞
责任印制：石　雷

印　　刷：北京天宇星印刷厂
版　　次：2018 年 10 月第一版
印　　次：2018 年 12 月北京第二次印刷
开　　本：710 毫米 ×980 毫米　16 开本
印　　张：11.25
字　　数：165 千字
印　　数：3001—6000 册
定　　价：29.80 元

前 言

　　为深入践行人民电业为人民的企业宗旨，满足人民对美好生活的需求，树立以客户为中心的发展理念，提升优质服务水平，满足广大电力客户对高质量用电服务的需求，为客户提供可靠便捷、智慧温暖、优质高效的新型供电服务，同时也为了让客户更加深入透彻的了解用电常识、用电业务办理流程，解答客户疑问，编者结合电力营销工作实际，经数次提炼修改完善后完成了本书。

　　本书具有如下四个特点：

　　（1）突出知识性。本书以满足电力客户需求为出发点，内容涵盖了计量常识和规范、电价电费常识和规范、业扩报装规范、电力安全及相关制度规范、电力新能源和电子渠道、家庭用电常识等方面，适用于广大的电力客户阅读。

　　（2）注重实用性。本着以客户为中心的原则，以解决痛点问题为目标，解答了电力客户在办理用电业务和使用电力过程中普遍存在的用电问题，是服务于广大电力客户的咨询工具。

　　（3）体现时代性。本书涵盖新能源、电动汽车、电 e 宝、掌上电力等新型用电业务和服务，努力为客户提供可靠便捷、智慧温暖、优质高效的新型供电服务，畅通客户服务"最后一公里"。

　　（4）强化规范性。本书按照《供电营业规则》《电力法》《电力设施保护条例》相关法律法规编写，符合国家电网公司电力营销工作规章制度、业务流程要求，可以作为相关人员日常工作的依据。

　　本书在编写过程中，由于时间仓促及编者水平有局限，书中难免有疏漏和不妥之处，欢迎广大读者提出宝贵意见和建议。衷心希望本书能为广大的电力客户提供方便。

编 者

2018.8

电力客户用电服务
一本通

目 录

第二部分 电价电费常识和规范   17

第三部分 *业扩报装规范* 27

第四部分　电力营销新型业务　　49

第五部分 *安全用电常识*　　　　　　　　　　　77

参考文献　　　　　　　　　　　　　　　**155**

第一部分　电能计量常识和规范 》

1-1　什么是智能电能表？

答：智能电能表是智能电网的智能终端，它已经不是传统意义上的电能表。智能电能表除了具备传统电能表基本用电量的计量功能以外，为了适应智能电网和新能源的使用，它还具有双向多种费率计量功能、用户端控制功能、多种数据传输模式的双向数据通信功能、防窃电功能等智能化的功能。智能电能表代表着未来节能型智能电网最终用户智能化终端的发展方向。

1-2　为何电能表集中安装在一起？

答：住户电能表统一安装在一起，一是当住户家中的用电出现故障，便于检修人员检查电能表；二是免去工作人员完成工作时对居民生活造成影响；三是防止有人借"维修电能表"名义从事不法行为。

1-3　电子式电能表比机械式电能表准吗？

答：从计量方式及测量结果来讲，电子式电能表与机械式电能表并没有什么区别。但在内部结构上就有根本性区别，一个叫静止式（或电子式），一个叫感应式（或机械式）。感应式电能表是利用电磁感应原理制造而成。静止式电能表是根据电能测量原理利用电子电路来实现计量的。从性能上比较，感应式电能表因为驱动力矩大不容易出现完全停走现象，电子式电能表则往往会出现卡字现象，就是只发脉冲不计数。除此之外，电子式电能表的其他性能都优于感应表，电子式电能表具有功能强大、误差特性好、过载能力强、电压适应范围广、运行维护简单等特点。

电子式电能表比机械式电能表准。这也是符合买卖公平原则的，以维护国家利益。这是因为电子式电能表与机械式电能表的结构不同所决定的，机械式电能表由于转动引起的机械磨损和振动引起的机械变形，很容易造成误差超差。电子式电能表不像机械表有转盘，也就没有机械磨损，因此它的误差特性较好，从轻负荷到最大负荷的误差曲线基本是平直的，比较容易控制误差，准确度比机械表高，从准确度等级比较，电子表是1.0级，机械表是2.0级，也就是电子式电能表的计量误差控制在±1%之内。

1-4 总表与分表有误差是什么原因？

答： 总表每月记载的用电量会与各分表有差别，这是由于电能表工作时也要耗费一定电能。但在抄表时，若发现每月产生的误差较大就不正常了。经分析，主要原因有如下几方面：

（1）抄表误差。抄表人员在抄表时将总表或各分表读数抄错形成误差；总表与各分表的抄表日期每月不一致，这是形成误差原因之一。

（2）窃电。人为窃电是造成总表与分表误差大的主要原因之一。常见的窃电行为有以下几种：①私自破坏铅封；②绕越表计；③私接线路。

（3）"跑冒滴漏"。根据产权划分，用户产权范围内用电线路设施的改造修理，应由产权单位承担。目前，许多用户的用电线路设施常常得不到按时检修，设施严重老化，一旦发生"跑冒滴漏"，分表不显示，势必造成总、分表的误差。另外，用户用电线路布线错综复杂，可能有线路及用电设备没安装分表，存在漏计现象。

（4）表计故障。用户分表长年使用，表内机械部件缺油失灵，灵敏度越来越差，出现走字不准，不跳字或乱跳字的现象，需按期对电能表进行校验或更换。

（5）互感器原因。有些电能表特别是三相电能表，常常与互感器配合计量高电压大电流。当互感器由于各种原因出现超差时，往往造成总表与分表较大误差。

1-5 如何辨别电能表是否烧坏？

答： （1）观看电能表外观有无异常。首先，看表盖玻璃窗里面有没有白、黄色斑痕及线圈绝缘烧损的异物。如果有，说明电能表已经烧坏。其次，看电能表塑料表盖是否变形，保险丝是否熔断。

（2）当发现电能表异常运转时，应查看客户是否使用大功率电器，或者负荷已超过电能表的额定容量，如果负荷超过电能表的额定容量，就有可能将电能表烧坏。

（3）当发现用户的电能表不转而电流线圈基本完好时，可用万用表电阻挡测试电压线圈，万用表指针不动，证明电压线圈烧断。

1-6 智能电能表的示数如何读？

答：目前电能表更换工作陆续开始，过去使用的电子式电能表将逐步淘汰，换成由国家电网公司指定的生产厂家生产的费控智能电能表，智能电能表有远程抄表、内置、分时功能，闪来闪去的好几个数就是分时记数功能。表内数字有总、峰、谷三个数字来回闪烁，如果看不清楚，按一下电能表右下方的按钮就会显示总电量，收费数字以峰和谷两个数字相加的总数，也就是说以总数为收费依据。

1-7 智能电能表液晶显示都有什么？

答：以部分地区电能表为例：①当您的电费余额小于30元（动力用户小于100元）时，电能表报警红灯闪烁，液晶屏背光点亮、显示"请购电"字符，提醒您关注用电信息；②当您的电费余额小于10元（动力用户小于50元）时，电能表发出断电信号，暂时中断供电，跳闸指示灯黄灯点亮、报警红灯亮、液晶屏背光点亮、显示"请购电"字符，提醒您余额已不足。此时您可以插购电卡进行合闸，合闸成功后可继续用电，但应尽快购电，否则会导致停电；③当您的电费余额为0元时，电能表发出断电信号，中断对您的供电，跳闸指示灯黄灯点亮、报警红灯亮、液晶屏背光点亮、显示"请购电"字符，此时您不能合闸，必须及时购电。

1-8 表下线破损造成经济损失谁承担？

答：电线经风吹日晒，来回摩擦，老化破损，从而产生漏电，由此可引发用户电费上涨。

根据《供电营业规则》规定，低压用户的电力设施的产权分界点为用户接户线的最后支持物，即电能表。电能表以前属供电人，电能表以后属用电人，表后电线产权属于用户，因此由表下线破损造成的经济损失由用户承担。

需要注意的是：电线必须按规范平行架设并固定好，绝不能随便搭接。客户应定期检查电力线路，发现老化破旧破损等现象，要及时更换，以免漏电发生触电事故和电能表异常转动。

1-9 客户应承担哪些电能表维护责任？

答：根据《供电营业规则》规定，电能表装设后，客户应承担如下责任：

（1）电能计费表计装设后，应妥善保护。

（2）不应在表前堆放影响抄表或计量准确及安全的物品。

（3）不得开启计量柜、箱及表计封印。

（4）发生计费电能表丢失、损坏或过负荷烧坏等情况，应及时告知供电企业；如因供电企业责任或不可抗力致使计费电能表出现或发生故障的，供电企业应负责换表，不收费用；其他原因引起的，应负担赔偿费或修理费。

1-10 智能电能表各指示灯都是什么意思？

答：智能电能表液晶显示屏下方有3个指示灯，自左向右分别为脉冲指示灯、跳闸指示灯和报警指示灯。液晶显示屏长亮表示表内剩余金额低于100元，提醒客户尽快购电。

脉冲指示灯：红色，平时灭，计量有功电能时闪烁。

跳闸指示灯：黄色，负荷开关分断时亮，平时灭。

报警指示灯：红色，正常时灭，报警时长亮。

1-11 怎么使用智能电能表并查看用电情况？

答：智能电能表的组成包括一块LCD液晶显示屏、购电卡插槽、脉冲指示灯、跳闸指示灯、信息查询键等。可以自动循环显示当前剩余金额（表内还有多少钱）和当前有功总电量（您总共用了多少度电）。表内剩余金额不足时，屏幕背光自动点亮，报警红灯常亮，提示居民尽快购电。

居民还可以通过按下智能电表上的查询按钮（显示屏右下方唯一按钮）查询上个月的有功总电量（与当前表示数的差值为本月用电量）、前两个月的有功总电量（与上个月的有功总电量的差值为上个月用电量）、客户编号、表号、时间、日期、故障代码、当前电价等信息。

居民还可以通过供电营业厅、95598服务电话、95598互动网站等方式查询自己的用电信息。现在，很多地区的居民还可以借助当地供电企业的电力微信平台、掌上电力APP等，查询用电信息。

1-12 智能电能表改造，是否会涨电价？

答：电价是国家直接管控的几种商品之一。电价构成非常复杂，涉及综合上网电价、地方经济结构特点等因素，由物价部门核准并负责解释，供电企业负责执行。电价是否调整，要经过征求意见、提出方案、召开听证会、物价部门批准等重要程序，不像老百姓想的那样说涨就涨。

另外，新电能表在使用过程中会随时公开、透明地记录用户电力消费情况。如果用户购电卡内的余额没有消费完，物价部门调整了电价，智能电表也会即时作出相应的价格调整，用户购电卡内的余额就会相应发生变化。

1-13 智能电能表更换后电卡去哪儿领取？

答：智能电能表更换后，电卡领取地点以各供电公司在智能电能表更换现场张贴的领卡通知为准。

供电公司换表后会在单元门口等醒目位置张贴领卡通知，通知上有电卡发放时间、地点及发卡人电话。您可在指定时间携带换卡回执单、旧电卡到发卡点领取新电卡，并同时交回旧电卡。如果您在发卡当天不能领卡，可以给发卡部门打电话，咨询领卡事宜。

领卡后，有多种购电方式可供自由选择。比如用户可选择电力营业网点、银行，以及自动交费终端、95598智能互动网站、电力微信平台、手机客户端、电费充值卡等多种渠道购电。

1-14 智能电能表跳闸后，开关合不上怎么办？

答：首先请查看智能电能表剩余金额是否为零，如智能电能表剩余金额为零请及时购电，当所购电费发送到智能电能表后，请再次尝试闭合开关。若电能表的剩余金额显示大于零，开关跳闸后依然合不上，请勿擅自处理，首先联系物业电工排查室内短路故障点，如果故障难以排除，可以拨打24小时电力服务热线95598，由供电公司服务人员协助处理相关故障。

1-15 智能电能表显示部分被损坏怎么办?

答:智能电能表有数据存储功能,它能够把当前累计电能量、本月累计电能量及上一个月累计电能量等信息储存到存储器中,只要电能表的存储器没有损坏,就能够通过检定软件对存储器的数据进行读取。

1-16 智能电能表的智能性、兼容性和优越性有哪些?

答:(1)智能电网所采用的智能电能表应具有远程抄表功能,能更详细地进行电力消费结算,并可将电力用户信息反馈到当地发电厂进行监测。

(2)智能电能表还具有数据储存、遥控编程、测定峰谷时段等附加功能。它可以按照预先设定的尖峰、峰、谷、平时段(由政府有关部门确定),分别计算不同时段的用电量,从而采用不同的电价。

(3)智能电能表具有记录失压、失流、断相、表盖开启、端钮盖开启次数等功能。并且能够记录最近十次失压、失流、断相发生时刻、结束时刻及对应的电能量数据等信息,一旦发生用电纠纷,为维护供用电双方的合法权益提供依据。

(4)智能电能表具有双向通信功能,支持用电信息的即时读取(可随时读取和验证用户的用电信息)、远程接通和开断、检测窃电、电压越界检测,也支持分时电价或实时电价和需求侧管理。智能电能表还有一个十分有效的功能,失去供电时电能表能向供电企业发回断电报警信息,这给故障检测和检修响应提供了很大的方便。

(5)智能电能表可以把客户某时间段内用电量设置为若干个阶梯,被称为阶梯电量。第一阶梯为基础电量,能够满足居民基本用电需求,此段每千瓦时电价较低。第二阶梯电价高一些。第三阶梯电价更高。以此类推,针对不同阶梯制定单位电价。单位电价在分段内保持不变,但是单位电价会随着分段不同而变化。

1-17 智能电能表相比机械电能表有哪些不同?

答:从元器件寿命来看,机械电能表采用的是电磁感应元件,内部是铁芯、线圈和机械传动装置,使用久了会逐渐失磁、磨损,而智能电能表则采用更为先进的元件,可以实现远程通信功能和防窃电功能。

从灵敏度来看，机械电能表的启动电流不大于额定电流的0.5％，而智能电能表的启动电流为额定电流的0.2％。相对来说，智能电能表计量更为精确。

从功能来看，智能电能表通过远程系统可以实现在线操作，智能电能表客户可以远程购电、查询电量，用电、交费更加便捷、明白。

1-18　智能电能表与传统电能表相比有哪些特点?

答：智能电能表比普通电能表增加了数据通信、安全密钥、数据冻结和存储、电表状态自检、适应阶梯电价管理等功能，它有如下特点：

（1）计量计费更科学：装备智能芯片，实现分时计量；适应阶梯电价，支持电价变化；记录用电习惯，方便用电分析。

（2）监测控制更便捷：电量、余额不足时，智能电表会自动报警；可实现远程抄表、通知、控制；客户查询电量、电费简单方便。

（3）节能减排更高效：双向计量、双向控制，支持分布式能源接入；计量手段灵活，调控手段多样。

（4）信息服务更安全：可靠性、安全性高、寿命长；信息加密，数据存储长久；支持智能小区建设，实现社区服务、公共服务全面增值。

1-19　智能电能表相对卡式电能表有哪些优点?

答：智能电能表采用费控方式，磁卡电表采用量控方式。费控式电能表是将客户购电电费置入表中，当客户购电电费即将用完或用完时，智能电能表会发出预警直至停电，其用电量的计算原理与量控式电表相同。智能电能表作为新一代电能表，与卡式表和机械式表相比，还具有用电信息存储、远程采集、信息交互等功能。

智能电能表优点有下：

购电更方便。支持营业厅窗口、银行柜台、自助终端、网上银行等多种购电方式。购电后，电费可以自动下发到电能表内，免去插卡输电的人工操作。

用电更明白。智能电能表具有智能扣费、电价查询、电量记忆、余额报警、信息远程传送等功能特性，用户在自家电能表上就可以实时查询当前电价和剩余电费余额，轻松掌握用电信息。智能电能表支持免费用电情况短信提醒服务，及时获取阶梯电价跳档及表内余额不足提示信息。智能电能表可以根据用户用电量自动扣费、结算，避免传统人工抄表方式可能带来的差错。通过智能电能表的远程信息传送功能，供电员工可以实时监控电表工作状态，及时发现电能表故障，避免给用户带来损失。智能电能表的应用还将彻底解决合表用户分摊老旧线路公摊，以及分表用户欠费造成总表停电等纠纷的发生。

生活更低碳。智能电能表支持分时电价、阶梯电价，可以帮助客户合理选择用电方式，养成良好节约用电习惯，有效降低费用支出，还具备双向计量的功能，支持分布式能源接入，是实现分布式电源计量、双向互动服务、智能家居、智能小区的技术基础。

1-20 智能电能表如何"智能"？

答：电卡表和机械表，这两种表都不能满足阶梯电价实施条件，智能电能表则可以显示用电波峰波谷的时段和电价。客户可以根据需求，制定用电计划。比如波峰的时候关闭某些电器，在波谷的时候启用，在节约用电的同时节省电费。

安装了智能电能表，除了为实行阶梯电价做准备，还可以为市民提供个性化的用电服务。通过智能电能表对家用电器分类计量，市民可以知道自家的电是用在了什么地方，比如冰箱每月用电多少、电视用电多少等。

电卡表客户需要提前购买电量，输入到电表中使用。而机械表客户则是根据供电企业每月的抄表单子，定期到银行去交纳电费。安装智能表之后，客户可以提前在电能表中预存一定数额的电费，这样在一段时间内都不用再往银行或营业厅跑。

此外，客户还可以定期从银行账户直接往电能表内转账充值。当电能表中的余额少于一定的数值时，电能表会提醒客户及时付费，当里面的电费用光时，会自动断电。

1-21 智能电能表电卡如何更换和使用？

答：新换的智能电能表电卡首次购电需要到所属供电公司的营业厅办理，此后便可在供电公司所有网点、带有银联标志的自助售电机上办理。另外，换表后要做结算和电费退补，工作人员的工作量比较大，等各种电量信息核实后，就可以将新电卡发放到客户手中。需要注意的是，如果拿到新购电卡后输不进去电或出现异常，用户可以根据单元或小区门口张贴的公告联系施工方或供电公司，工作人员将进行处理。

1-22 为什么智能电能表只显示余额，不显示度数？

答：智能电能表采用的是费控方式，但其用电量的计算原理与量控式电能表相同。

推广、应用智能电能表为多种电价政策的执行奠定了技术和物质基础。为助推节能、环保的用电方式，将来国家推行分时电价、阶梯电价，在不同时段用电或者家庭月用电量不同，电价则不同，因此无法预知电量余额。这种情况下，原磁卡电能表不能适应技术要求，而智能电能表通过费控方式，可以帮助您实时掌握家庭电费余额，就像移动通信可以实时掌握话费余额一样。届时，您可通过调整用电习惯，养成在不用电器时切断电源的习惯，或在低谷（低电价）时方启动洗衣机、热水器等非必需长期开通的电器，从而使您充值的电费使用更多的电量；对于节约用电（用电量少）的用户，执行阶梯电价后，充值同样的电费，就可以使用更多的电量，从而实现家庭电费的节省，实现全社会能源消耗的节约。

1-23 怎样用峰谷电能表才能省电？

答：并不是所有的用户执行峰谷电价后都可以受益的，只有当用户低谷用电比例达到总用电量的11%以上时，其平均电价才会低于普通电价。我们可以算一笔账，如按每月用电100千瓦时，按普通电价0.538元/千瓦时（以某地区电价举例，不同地区电价可能不同），为55.3元（其中有阶梯电价）；若按峰谷电价计算，假设峰段用电89千瓦时，谷段用电11千瓦时，峰段电价0.568元/千瓦时，谷段电价0.288元/千瓦时，加上阶梯加价合计是55.22元。例如用户家里安装峰谷表后的一个月峰电用电85千瓦时，谷段用电9千瓦时，谷段用电太少，只占到总用电量的10%，故无法从峰谷电价中受益。（答案中电价为以某地区电价举例，不同地区电价可能不同）

对于享受峰谷电价优惠问题，关键在于科学合理利用家用电器的使用时间。峰谷电用户应尽量选择在谷段时期使用家用电器，如洗衣机、热水器、消毒柜等可定时在晚上十点至次日八点工作。最重要的是要养成良好的用电习惯，当家里的电器停止使用时一定要切断电源，拔掉插头，这一招也能省下不少的电。

1-24 计费电能表因雷击损坏、被盗等怎样申领新表?

答:用户对雷击损坏、被盗、过负荷烧损的电能表不得自行处理,需立即通知供电企业。用户应携带电卡或以往电费发票,到所在辖区供电所书面或口头申请更换新表,由供电所工作人员填写《表计变更工作单》进行登记,申请新表,由供电企业进行维修、更换。

通常情况下,电能表烧表分责任烧表和非责任烧表,责任烧表如用电负荷过大,用户须按所损毁电表的价格进行赔偿,现场核实办理相关手续后换表。非责任烧表如供电公司施工烧表、雷击等,由供电公司负责,现场核实后换表。

根据《供电营业规则》第七十七条规定,计费电能表装设后,客户应妥为保护,不应在表前堆放影响抄表或计量准确及安全的物品。如计费电能表发生丢失、损坏或过负荷烧坏等情况,客户应及时告知供电企业,以便供电企业采取措施。如因供电企业责任或不可抗力致使计费电能表出现或发生故障的,供电企业应负责换表,不收费用;其他原因引起的,客户应负担赔偿费或修理费。

1-25 电能表可以自行购买吗?

答:客户可以自行到市场购买电能表。所购买的电能表必须是正规厂家生产的合格产品,如果经过质量技术监督局检定合格,可以使用,但不能直接安装。因为电能表是一种特殊的计量器具,必须经过国家法定机构检定;同时,为防止运输过程中因碰撞、振动等因素造成计量失准,供电部门在安装前统一进行免费的检测检查,无异常后再安装使用。客户购买电能表后,到计量中心免费检定合格后,可以安装。

1-26 电能表损坏追收电费如何计算?

答:抄表人员发现电能表故障后,会给用户下达通知。若电能表是因不可抗力因素损坏(如雷击等),供电企业会为客户免费更换新表,并根据客户上个月的用电量预估当月电量。对居民生活用电而言,一般按上一个抄表周期和上年同期电能量求平均值计算应收电费;对于大客户用电,根据企业生产记录及参考上年同期电能量确定计算应收电费。若出现气温骤降、客户用电量骤减或外出未用电天数等情况，都将酌情考虑。换表一个月后抄完表，再折算客户电表故障当月用电量，多退少补。

确定追收电费的法律依据有以下几个：《电力法》第三十三条规定，供电企业应当按照国家核准的电价和用电计量装置的记录，向用户计收电费。《电力法》第三十一条规定，用户使用的电力电量，以计量检定机构依法认可的用电计量装置的记录为准。《中华人民共和国民法通则》第九十二条规定，没有依据，取得不当利益，造成他人损失的，应当将取得的不当利益返还受损失的人。

1-27 电能表计量不准，电费如何退补？

答：根据《供电营业规则》第八十条规定：由于计量的互感器、电能表的误差及其连接线压降超出允许范围或其他非人为原因致使计量记录不准时，供电企业应按下列规定退补相应电量的电费：

（1）互感器或电能表误差超出允许范围时，以"0"误差为基准，按验证后的误差值退补电费。退补时间以上次校验或换装后投用之日起至误差更正之日止的1/2时间计算。

（2）连接线压降超出允许范围时，以允许压降为基准，按验证后实际值与允许值之差补收电费。补收时间从连接线投入或负荷增加之日起至压降更正之日止。

（3）其他非人为原因致使计量记录不准时，以用户正常月份的用电费为基准退补电费，退补时间按抄表记录确定。

退费前，用户先按抄表电量如期交纳电费，误差确定后，再行退费。

由于用电计量装置接线错误、保险熔断、倍率不符等原因，使电能计量或计算出现差错时，供电企业应按下列规定退回相应电量的电费：

（1）计费计量装置接线错误的，以其实际记录的电量为基数，按正确与错误接线的差额率退费，退费时间从上次校验或换装投入之日起至接线错误更正之日止。

（2）电压互感器保险熔断的，按规定计算方法计算值补收相应的电费；无法计算的，以用户正常月份用电量为基准，按正常月与故障月的差额补收相应电费，补收时间按抄表记录或按失压自动记录仪的记录确定。

（3）计算电量的倍率或铭牌倍率与实际不符的，以实际倍率为基准，按正确与错误倍率的差值退补电费，退补时间以抄表记录为准确定。

退补电费未正式确定前，用户应先按抄欠电量交付电费。

1-28 如何使用与保管磁卡表电卡？

答：磁卡表的使用和保管一般应注意以下几点：第一，磁卡表为"一表一卡"，不同表之间不能通用电卡，所以插卡前请核对表计地址。第二，购电后请将购电卡插入电表卡槽（按卡上箭头方向金属触点面向左），待电表显示窗显示"END（或GOOD）"后，即可拔出电卡，完成电量写入操作。第三，电卡不宜与手机、银行卡、存折、收音（录）机、MP3等含有磁性的物品一同存放，防止电卡失效；勿拆、勿损电卡，保持卡面的清洁。第四，当电能表显示"EBAD"，表示表有故障，需更换处理。第五，当电卡失效或是丢失，您要到供电公司营业厅咨询处理。第六，磁卡表报警电量为10千瓦时（或5千瓦时），此时电能表断电，再次插入IC卡，即可恢复供电，直至表内电量用完。此时提醒您尽快购电，以免给您的生活造成不便。

1-29 如果卡表故障，如何处理？

答：如果卡表发生故障，请您将电能表上显示的错误代码，如ERR-**，记录下来，持购电卡到所辖供电所营业厅处理即可。

1-30 IC 卡电能表的故障有哪些？怎么维修？

答：1.电能表显示"E-03"

这是一种较常见的故障，可以分为三种情况。一种是由于电能表已通电，但用户未加负载超过23分钟以上，电能表就会出现此提示。一旦发生这种情况，用电客户就不能再用电，必须由供电管理人员插入一张检查卡清除电能表自锁才能恢复。这是电能表自带程序对电能表的一种正常监控行为，因此，如果用户长时间不用电时，要将电卡拔出来。

另一种情况是电能表能正常用电，但没有接收到自身脉冲采集信号超过23分钟以上，也会出现此提示。这说明电能表的信号采集电路出现了故障，此时用户不能再用电，必须插入检查卡使电能表恢复正常后，将电量取出来更换新卡。

还有一种情况是插入检查卡也无效，此时就要由供电管理人员用特有的程序清空卡，把电能表所有程序清空，再为其预装一次电量后，插入初始化卡对电能表进行一次控制，电能表也能恢复正常。

2.电能表显示"E-01"

当电能表中没有输入电量，而在电能表与交流接触器之间出现正常损耗时，电能表则显示"E-01"，此时供电管理人员必须拉闸停电一次，通电后用检查卡检查一遍，电能表即可恢复正常显示。再插入用户卡，电能表继电器如能正常吸合，则说明一切正常，如仍不能吸合，并且继续出现此提示，且听不到继电器叽嗒声，则说明电能表继电器已损坏，必须换新表。

3.插卡后电能表显示"END"

此种情况表明电卡电量已为零，必须通过正常购电，才可继续使用。

4.插卡后电能表显示"0000"

插卡后电能表只显示"0000"，不接受电量，而电卡上有电不能用，遇到此种情况，很有可能是因为电卡被污损造成的。找一块干净的布，将电卡上的芯片擦干净就行了。如还不能用，就需要到售电部门的读卡器上读卡，并检测电卡能否正常写卡。如一切正常，用户可继续使用，否则要更换新卡。

5.插卡后电能表显示"EEEE"

此故障是购电卡数据错误所致，说明购电卡不属该IC卡电能表的控制范围，用户要将购电卡带到供电部门进行查询认证。

1-31 用户能不能自己更换电表箱？

答：客户私自开启、更动计量装置，有可能造成计量失准。相关电力条例明确规定，客户不得私自开启、更动供电企业已有的计量封印。计量装置应由供电企业负责购置、安装、移动和更换，对于雷击、烧毁等不可抗力因素引起的电表损坏，用户无须自己更换电能表，只需携带相关证件到供电营业厅办理赔表手续，供电企业会为你提供免费更换。

1-32 居民应怎样维护电表箱？

答：电表箱以及箱内的电能表等设施是重要的供电及计量设备。根据《供电营业规则》规定，电能表装设后，客户应承担如下责任：①电能计费表计装设后，应妥善保护；②不应在表前堆放影响抄表或计量准确及安全的物品；③不得开启计量柜、箱及表计封印；④发生计费电能表丢失、损坏或过负荷烧坏等情况，应及时告知供电企业。如因供电企业责任或不可抗力致使计费电能表出现或发生故障的，供电企业应负责换表，不收费用；其他原因引起的，应负担赔偿费或修理费。

1-33　什么是电能表"潜动"？

答：感应式电能表潜动是指电流线路无电流，电压线路加80%~10%额定电压时，转盘转动超过一转。电子式电能表的潜动是指电压回路加参比电压，电流回路中无电流时，在启动电流产生一个脉冲的10倍时间内，测量输出多于一个脉冲。

判断电能表潜动时，应先拉开客户的负荷开关，观察感应式电能表的转盘是否继续转动，而且超过一周以上，即从转盘的黑色标志转动开始计算，转动超过一周时才是潜动，用秒表测试一转秒数。对电子式电能表观察有无计量脉冲输出，脉冲指示灯闪一下，即为输出一个脉冲。

1-34　用户自己如何检测电能表？

答：可以尝试以下三种办法：

（1）切断家里配电箱内总开关或拔掉家里所有电器设备插头，观察电能表面盘上脉冲指示灯闪烁情况，一般在10分钟内没闪烁或只闪烁1次，则表示电能表运行正常。若指示灯多次闪烁，则电能表运行不正常。

（2）开启一台功率相对稳定的电器设备观察电表计量数值。如：开启一台2千瓦的电热水器，使用30分钟后关掉，消耗电量约为2千瓦×0.5小时=1千瓦时，若电能表使用前后抄录度数相减的数值在1千瓦时左右，电能表计量正常，反之不正常。

（3）在同一时间内抄录电能表显示的总电量、峰电量和谷电量数值，如峰电量与谷电量相加后的数值与总电量相等时，电能表计量正常，反之不正常。

在这里提醒广大用户，请勿自行拆卸电能表进行检查。

1-35　如何辨别电能表是否烧坏？

答：（1）观看电能表外观有无异常。看表盖玻璃窗里面有没有白、黄色斑痕及线圈绝缘烧损的异物。如果有，说明电能表已经烧坏。

（2）当发现电能表异常运转时，应查看客户是否使用大功率电器，或者负荷已超过电能表的额定容量，如果负荷超过电能表的额定容量，就有可能将电能表烧坏。

（3）当发现用户的电能表不转而电流线圈基本完好时，可用万能表电阻挡测试电压线圈，万能表指针不动，证明电压线圈烧断。

1-36　新电能表为何看起来走得快？

答：这并非新装的电能表不准，而是由于旧表受工艺和材料的局限，长期使用出现磨损及污垢阻塞所致。新装的电能表灵敏度较高，连怠机耗电等微小电量都能精确计量，所以给人造成新表"走得快"的错觉。凡是使用遥控器的家电，在待机状态下其中央控制板仍在持续耗电，高精度的新型电能表会实时捕捉这些动态。

1-37　感觉电能表不准怎么办？

答：认为计费电能表不准时，可以提出校验申请，在客户交付校表费后，供电企业在7天之内校验。

1-38　居民如何申请校表服务？

答：供电企业可受理所有用电客户的校表业务，为客户提供电能计量装置检验的服务，包括电能计量装置异常处理、抄表数据异常处理、申请校验电能表、配合开表箱、配合表计封印装拆等。

电能表是国家强制检定的电能计量装置，居民切不可私自拆表，应带着交费卡或电费发票到所属供电营业厅柜台办理验表手续。在交纳验表费后，供电企业工作人员将及时与客户联系，确定验表日期。如客户对供电企业出具的验表结果有异议，可以向当地质量技术监督局检测机构申请复验。若检测结果相同，校验费用由客户承担。

1-39　居民申请校验电能表有哪些流程？

答：居民客户向供电企业申请校验电表后，需交付一定验表费。如电能表的误差在允许范围内，验表费不退；如电能表的误差超出允许范围时，供电企业除退还验表费外，并退补电费。

在校验现场，客户需在检测人员的校验工单上签章后，检测人员才能开始校验。校验结束后，检测人员应将校验结果当场告知客户。如客户认可，则需在检验结果通知单上签字。如客户不认可检验结果，供电公司将把电能表交送给有资质的第三方进行检定。在送检之前，客户应与供电企业签订《鉴定送检协议书》，约定原电能表在送检前由供电公司保存，客户需注意确认原电能表的外观、铅封、表示数状态。拆除原电能表后，供电公司会给客户更换临时电能表。

1-40　对电能表校验结果有异议怎么办？

答：居民客户对供电企业的表计检验结果有异议时，可向供电企业上一级计量检定机构申请检定，也可向当地技术监督部门申请鉴定。但在申请验表期间，其电费仍应按期交纳，验表结果确认后，再行退补电费。

1-41　用电信息采集系统对客户有什么影响？

答：如今，用电信息采集系统作为智能电网建设中一项基础建设，在提升客户用电质量方面也有着十分关键的作用。诸如供电企业可通过采集终端反馈回来的数据及时发现存在的低电压、变压器隐患等问题，从而迅速采取相应措施进行缓解；可以实现用电远程集抄，实时精准地完成抄表，不仅人不用到现场，而且还避免了人工抄表的误差等。通过用电信息采集回来的数据，还可以使得供电企业对客户用电情况有更详细的了解，从而制定出相应的更好保障客户用电的措施。目前该系统在计量、抄表、线损、配电、电费、用检、营业等专业都有着十分广泛的应用。同时对客户个人信息，供电企业也将根据相应规定进行严格保密。

第二部分 电价电费常识和规范 》

2-1 大工业用户的电价如何界定？

答：大工业用户是指凡以电为原动力，或以电冶炼、烘熔、熔焊、电解、电化的一切工业生产，受电变压器容量在315千伏安及以上者。受电变压器容量不足315千伏安的用户，不能申请大工业用户。

大工业用户的电费由三部分组成：电费总额=基本电费+电度电费+功率因数调整电费。

基本电费是根据用户设备容量或用户最大需量，按基本电价计算出的电费；电度电费是根据用户实际使用的电量数按电度电价计算出的电费；功率因数调整电费是根据用户的实际功率因数，按《功率因数调整电费办法》调整（增、减）的电费。

2-2 养殖场能否执行农业生产电价？

答：销售电价实行分类电价，用户按不同用电性质执行相应的类别电价，农业生产电价的适用范围为农田排涝、灌溉、电犁、打井、打场、饲料加工（非经营性）用电，防汛临时照明用电，农产品初级加工（指无成规模厂房、无固定生产人员和生产组织机构）用电，农业生产中非大工业用电性质的农业经济作物、农村养殖业用电。从电价说明中可以看出，建养猪场属农村养殖业用电，应执行农业生产电价。

2-3 为什么要实行分时电价？

答：分时电价作为计划用电管理的一种经济措施，调动了供用双方的积极性，它不仅促进了电力均衡生产，促进了削峰填谷，均衡了用电，缓和了电力供需矛盾，而且对加强计划用电管理，提高电网负荷率，降低煤损耗、线损，实现节约用电，提高客户、电网和社会的经济利益等方面，都有明显的效果。

2-4　什么是两部制电价，它是如何计算电费的？

答：我国一般对大工业生产用电，即受电变压器总容量为315千伏安及以上的工业生产用电实施两部制电价制度。两部制电价包括基本电价和电度电价两部分。两部制电价制度是指基本电费按用户的最大需量或用户接装设备的最大容量计算，电度电费按用户每月记录的用电量计算的电价制度。按目前电价规定，实行两部制电价的用户，还要根据其功率因数的高低，实行功率因数调整电费的办法。其构成包括以下三个部分：基本电费、电量电费、功率因数调整电费。

根据两部制电价的相关规定，大工业用户的电费计算方法如下：

结算电量=（本次示数−上次示数）×综合倍率

电量电费=结算电量×电度电价

基本电费=基本电价×变压器容量

功率因数调整电费=（基本电费+电量电费）×功率因数增减百分数

总电费=基本电费+电量电费+功率因数调整电费

2-5　河北地区阶梯电价是如何实施的？

答：居民阶梯电价以年用电量为计费周期，年度用电量未达到阶梯电价分档电量标准的跨年不结转。用户阶梯结算周期是按照实际抄表日期结算，为上一年度12月至当年12月，每年结算截止到每年12月的抄表日，不是从1月1日到12月31日。合表和执行居民电价的非居民用户暂不执行阶梯电价。

2-6　什么是非居民照明用电？

答：目前电价分为四类，分别是居民生活用电、一般工商业及其他用电、大工业用电和农业生产用电。非居民照明用电是2009年11月20日之前采用的电价分类，此后已与商业用电一起合并为一般工商业及其他用电。目前此类电价为0.945元/千瓦时，未开征城市附加费的地区为0.935元/千瓦时。在城市，除居民生活用电和大工业用电外，都属于一般工商业及其他用电。

2-7 商业用电与住宅用电如何区分?

答:根据国家规定的用电分类标准,商业用电是指专门从事商品(含组织生产资料流转)和为客户提供商业性、金融性、服务性的有偿服务,并以盈利为目的的这些经营活动所需的一切电力。包括商业企业、物资企业、仓储、储运等用电客户。

住宅用电是指居民住宅中日常的家居生活使用的电力。农村地区居民家有家庭作坊(如带小卖部的),电价涉及不同的用电类别,小卖部用电属商业用电,可分表计量。不具备条件的按定量定比执行,定量定比是指根据用户不同电价类别的用电设备容量的比例或实际可能的用电量,确定不同电价类别用电量的比例或定量进行分算。

客户如商业与住宅用电共用一个计量表,用电量较少的,由供电企业与客户根据各类用电的负荷,共同协商确定各类用电的比例,每月按此比例收取电费;如用电量较大的,应采取分线分表分别计费。

2-8 车间、办公室和道路照明属于什么用电?

答:如果该工厂的报装容量在315千伏安以下,则工厂内部的车间、办公室和道路照明,都属于"一般工商业及其他类"用电。如果该工厂的报装容量在315千伏安及以上,则属于大工业用电的范畴,具体地说,车间属工业用电,办公室和道路及庭院照明,属"一般工商业及其他类"用电。

2-9 功率因数调整电费是怎么产生的?

答:企业在消耗有功电能的同时,会产生一部分无功电能。电网在输送这些无功电流时会占用输电线路的资源。如果无功电流增大到一定程度,将影响有功电能的输送,进而影响到供电电压。功率因数调整电费就是指电力客户感性负载无功消耗量过大,造成功率因数低于国家标准,从而按电费额的百分比追收的电费。功率因数调整电费计算公式为:(当月基本电费+当月电度电费+附加电费)×功率因数调整电费百分比。

一般而言,功率因数调整电费的执行标准按变压器容量的不同分为两种,160千瓦(千伏安)以上的功率因数考核标准为0.9,100千瓦(千伏安)~160千瓦(千伏安)则执行0.85。供电企业根据各企业客户每月实用有功电量和无功电量，计算出月平均功率因数，再通过《功率因数调整电费表》，确定相应的功率因数调整电费百分比。当功率因数低于相应的考核标准时，供电企业将收取功率因数调整电费，功率因数越低，功率因数调整电费越高。当功率因数大于考核标准且小于1时，这意味着用电质量高，供电企业将对该电力客户发放奖励，具体奖惩办法参照各地规定执行。

2-10 共用电能表应如何收费？

答：根据物价部门相关规定，工副业用户的照明用电应分表计量，如一时不能分表，可根据实际情况合理分算按照实际用电类别计收电费。根据《供电营业规则》第七十二条规定：在用户受电点内难以按电价类别分别装设用电计量装置时，可装设总的用电计量装置，然后按其不同用电类别的用电设备容量的比例或实际可能的用电量，确定不同电价类别用电量的比例或定量进行分算，分别计价。供电企业每年至少对上述比例或定量核定一次，用户不得拒绝。

2-11 工厂停产为何还会产生电费？

答：当工厂停产，但用户在当月并没有申请变压器报停，则仍会产生电费，产生的电费为基本电费。

根据《供电营业规则》规定，专用变压器客户没有用电但有电费产生主要因以下两种情况：一是变压器容量在315千伏安及以上的大工业客户，执行两部制电价，如果变压器没有办理暂停业务，每月会产生基本电费。二是高供低计的专变客户（即高压侧供电，计量电能表安装在低压侧），虽然当月计量电能表没有产生电量，但是因为计量装置安装在低压侧，需要加上变压器的固定损耗电量，收取变压器固定的损耗电费，该损耗电费由变压器型号决定。

2-12 电费违约金是如何收取的？

答：根据《供电营业规则》第九十八条规定，客户在供电企业规定的期限内未交清电费时，应承担电费滞纳的违约责任。电费违约金从逾期之日起计算至交纳日止。居民用户每日按欠费总额的千分之一计算；其他用户当年欠费部分，每日按欠费总额的千分之二计算，跨年度欠费部分，每日按欠费总额的千分之三计算。电费违约金收取总额按日累加计收，总额不足1元者按1元收取。

所以，请广大客户及时交电费，以免造成不必要的麻烦。

2-13 居民欠费停电是如何规定的？

答：根据《电力供应与使用条例》中第三十九条规定：自逾期之日起计算超过30日，经催交仍未交付电费的，供电企业可以按照国家规定的程序停止供电。供电公司严格按照欠费限电程序对欠费户实施停限电。

居民客户欠费后，供电公司先发《限期催交电费通知书》，在限定的期限内，客户未结清电费，供电公司将在停电前7天送达《催费停电通知书》，如到期电费仍未结清，将对其实施停电催费措施。停电后客户应到供电营业厅交清电费、电费违约金。供电企业将在客户交清费用后的24小时内上门复电。

2-14 如何确定客户欠费逾期日？

答：逾期日是指在《供用电合同》或《电费结算协议》等生效法律文书中明确约定的最迟交费日的次日；对于约定分段抄表计收电费，逾期日分别计算。如在《供用电合同》中明确"自抄表之日起10日内交费"，则第11日为逾期日。按照集团户合并交费的客户，其逾期日以合并交费的所有营业户中最晚的逾期日为准。

2-15 如何把握购电的时间和金额，以防止余额不足造成停电？

答：当智能电能表剩余金额低于一定金额时，会有报警灯提示，电表显示屏也会长亮提醒您及时购电，当剩余金额到0元时，智能电能表将自动断电。如发生自动断电，请您及时购电并确认所购电费已发送到智能电能表，同时自行合上电能表负荷开关，恢复正常用电。

您也可以拨打24小时电力服务热线95598，注册开通短信提醒服务，注册电费余额预警服务的客户可在本户剩余电费不足×元后的第二天收到短信提示信息。（电能表报警金额因地区之间存在差异，具体可咨询当地供电部门）

2-16 为何买电后无法输入电能表？

答：电卡买电后无法输入电能表有三种可能：一是银行没有将电量写在电卡上；二是重复购电；三是高于底限电量。

可持当次购电发票，将自家电能表的已用电量和剩余电量记下，到就近的供电公司营业网点补写电量，或者待电能表剩余电量低于底限电量时，按照电卡上指示方向插入电能表即可。

2-17 误将电费充入他人充值卡怎么办？

答：如果您在充值时确因不小心误将电费充值卡充值至其他客户的账户时，请您与被误充客户进行协商解决。如充值卡充入费用仅是预收电费，您必须首先征得被误充客户的同意后，才能在供电公司相关部门进行账务调整，在进行账务调整时，您必须出示原充值卡、充值电话信息记录等必要信息，才能由供电公司的相关人员进行账务调整，并请您和被误充客户在有关单据上签字确认。如充值卡充入费用已冲抵了欠费，则无法进行账务处理，这时，必须由您和被误充客户双方协商解决。

2-18 电费充值卡有有效期吗？

答：售出的电费充值卡是有有效期的，请您在有效期内使用，售出的电费充值卡不记名、不挂失，充值卡售出后不再退换。

2-19 使用电费充值卡要注意什么？

答：准备充值时，请按照充值卡背面注明的步骤拨打24小时自助语音充值电话，语音系统会提示您进行操作，这里需要提醒的是您输入户号时一定要仔细，最好是对着需要付费的电费发票或者是把电能表户号写在纸上确认无误后再输入，输入确认后系统会提醒您再核对一遍户号，此时，请您再仔细的核对一遍，确认无误后再进行下一步操作，这样就能防止输错户号，错交电费。避免出现不必要的麻烦。

2-20 购电后，不能对电能表进行充值怎么办？

答：请您依次核查：是否购电卡插反了；是否插到邻居家的电能表了；购电卡的金属表面是否干净；购电卡是否有明显破损。如果没有以上问题，请拨打95598供电热线咨询，或直接携带购电卡到营业厅由供电公司为您处理。

2-21 怎么向智能电能表充值？

答： 如果您用购电卡购电，请将购电卡插入电能表卡槽，电能表液晶屏显示"GOOD"并显示当前总金额，提示充值成功，拔出购电卡。为保证充值成功，请保持插卡时间在10秒以上。

2-22 居民误操作多存了电费怎么办？

答： 客户误操作多存电费，可拨打95598客户服务电话或联系所在供电营业厅申请退款，具体视个人情况选择。办理退款过程中，客户须向经办的供电营业厅提供以下资料：个人身份证、交费银行账号，并填写退费申请书。退款流程一般需要15个工作日左右，请客户提交材料后耐心等待，并及时查询账户退款到账情况。

2-23 催费通知单上客户名称有误怎么办？

答： 您只需携带房产证（或购房合同、或购房发票、或社区街道产权归属证明）和与房证姓名一致的身份证，到所属区供电分公司营业大厅即可办理更名业务。

2-24 如何了解电量和电费？

答： 客户可以通过电力服务热线95598按照提示查询，或到供电收费窗口通过触摸屏查询，或到供电服务窗口直接查询等渠道进行了解。

"电费通知单"告知：每月交费时，在给客户的"电费通知单"中会注明客户当月用电量和余额。

供电服务热线95598查询：客户拨打95598供电服务热线，提供客户编号或客户姓名、住址，坐席人员可以为客户查询客户使用的电量和电费。

供电公司营业窗口查询：客户到供电公司各营业窗口，提供客户编号或客户姓名、住址，服务人员可以为其查询客户使用的电量和电费。

2-25 电费短信告知业务如何办理？

答： 客户只需提供准确的户号和电话号码以及户主本人的身份证号码，到属地供电公司营业厅定制电费信息短信告知业务。定制后，供电公司在每月抄表例日发行抄表数据后，向欠费客户发送提示短信，提醒其交费。短信中显示客户的户号、姓名、地址及欠费金额，客户可直接到农村信用社、建行、农行、邮政等储蓄网点交费，也可通过电费充值卡、移动POS机刷卡交费。

供电公司希望客户提供的手机号码必须正确，以便及时接收到短信催费通知。如客户因故手机号码发生变更，应立即到供电公司营业厅重新登记信息。另外，供电公司会严格保密，客户不必担心隐私被泄露。

2-26 如何办理委托银行代扣电费业务？

答：客户可持本人有效身份证件及银行存折（卡），到银行网点，签署《委托银行代扣电费协议》，并提供电费户名、电费户号、证件类型、身份证号码、缴费账户户名、缴费账号、联系电话、用电地址。代扣业务办理完毕，只要存折（卡）上有足够的余额，供电公司生成电费通知后，银行会自动扣款，节省了客户交费等候时间。

2-27 关于租房户退租时，房东应如何结算电费？

答：租房户退租时，房东不应根据电能表中的剩余情况对租房户结算电费，应持购电卡到就近的供电公司营业厅查询一下租房户的用电使用情况，是否有阶梯超档差价电费，若营业厅的工作人员无法帮房东查询到实时的用户用电使用情况的数据，可联系抄表人员协助解决，避免电费纠纷。

2-28 客户用电权过户与电费结算信息变更有何区别？

答：用电权过户属于合同主体的变更，电费结算信息变更属于原客户委托第三方代为履行交纳电费的行为。客户用电权过户，需填写《客户变更用电登记表》，《供用电合同》主体由原客户变更为新客户，原合同的权利义务由新客户全部承担。电费结算信息变更，客户需要填写《电费结算信息登记表》，并重新签订《电费结算协议》，此举只是将《供用电合同》中的付款人变更，新的结算人只承担合同中电费支付的义务，并不承担合同中其他权利义务。

2-29 为什么供电企业提供的某些供电服务要收费？

答：由于供电企业对产权属于用户的电力设施提供安装、调试、检修和维护所发生的成本费用并没有包含在销售电价中，应实行有偿服务，以明确供电企业与用户双方的权利和义务，可以进一步提高供电服务质量。具体收费项目和标准，请用户到当地供电营业厅咨询。

2-30 收费标准中包含哪些费用？

答：收费标准中包含供电服务中所发挥的人工、交通费用、仪器仪表使用费，不含材料费。

2-31 针对居民用户有哪些供电服务收费项目？

答：供电企业为居民用户提供的有偿供电服务，主要包括生活用电上门服务，用户线路抢修、移（换）表服务、复接电服务以及理赔性服务五大类。

2-32 生活用电上门服务内容及收费标准？

答：生活用电上门服务是指受用户委托，对用户产权的供用电设施进行维护或更换零件的劳务工作，如：灯泡、普通灯具电路、开关、插座、刀闸、熔丝等维修或更换工作，电能表后的进户线、户内查找故障点及排除用电故障。包括按次上门服务和包年上门服务两种收费项目，按次服务收费标准为20元，包年服务为50元。如果选择包年服务，服务次数不受限制（此标准不具有普遍性，具体收费项目和标准，请用户到当地供电营业厅咨询）。

2-33 用户线路抢修服务内容及收费标准？

答：用户线路抢修服务是受用户委托，对用户产权线路进行故障点查找、排除故障以及故障维修，包括城市低压居民用户故障维修、农村低压居民用户故障维修、其他低压居民用户故障维修。收费标准为：城市低压居民用户故障维修每项30元、农村低压居民用户故障维修每项20元、其他低压居民用户故障维修每项200元（此标准不具有普遍性，具体收费项目和标准，请用户到当地供电营业厅咨询）。

2-34 移（换）表服务内容及收费标准？

答：移（换）表服务是指用户在用电地址、用电容量、用电类别、供电点等不变的情况下，由于用户自身的原因向供电企业申请移动电能表安装位置，或需要更换电能表的服务。居民用户收费标准为每块表200元（此标准不具有普遍性，具体收费项目和标准，请用户到当地供电营业厅咨询）。

2-35 复接电服务及收费标准?

答：复接电服务是指由于用户违章用电、窃电、危害用电安全拒绝检查、受电装置检验不合格并指定期间未整改以及用户因修缮房屋等原因，经批准停止供电后需恢复供电，供电企业所提供的服务。居民用户收费标准为每户每次30元（此标准不具有普遍性，具体收费项目和标准，请用户到当地供电营业厅咨询）。

2-36 理赔性服务及收费标准?

答：理赔性服务主要指安装在用户处的用电计量装置发生丢失、损坏或过负荷烧毁等情况，应由用户赔偿的费用。主要包括赔表费、补卡费。赔表费、补卡费均按照成本价进行赔偿。

2-37 服务中所需材料谁来提供?

答：供电服务中所耗材料、设备可由用户自行提供，也可委托供电企业采购。供电企业通过招标采购的材料、设备，按中标价格进行结算，招标采购的材料、设备，按实际采购价格进行结算。若客户自行提供设备材料，不收取材料费，但材料应符合国家质量技术标准要求，否则维护人员可拒绝施工。

第三部分　业扩报装规范 》

3-1　什么是业扩报装？

答：业扩报装也叫业务扩充，简称业扩，是我国供电企业工作中的一个习惯用语，其主要含义是受理用户用电申请，根据电网实际情况，办理供电与用电不断扩充的有关业务工作，以满足用户的用电需要。

3-2　业扩报装主要业务环节是什么？

答：业扩报装主要业务环节：客户用电申请；供电方案勘查、答复；收取政策性费用；客户工程设计与审查；客户工程安装与试验；工程中间检查；工程验收；签订供用电合同；装表接电；立户归档。

3-3　客户办理业扩报装业务对印章有何要求？

答：第一，客户提交这些文件时，应加盖客户公司公章或合同专用章，不能盖客户公司内部机构的印章；第二，分支机构或分公司办理业扩报装业务时，除了盖分公司的印章外，还应加盖总公司的印章。

3-4　签订供用电合同需注意什么？

答：供用电合同是以《供电营业规则》《合同法》等有关法律法规为依据，经供用电双方协商一致签订的。签订合同时，客户应注意合同中的所列条款：客户的用电地址、用电容量和用电性质。

合同签订后，客户不得擅自改变用电性质、不得向用电地址外转供电，不得超过合同中的用电容量。供电企业应当按照国家核准的电价和用电计量装置的记录，向客户计收电费，客户应当按照双方约定的结算周期和结算方式，在规定时间内向供电企业足额交纳电费。电源侧电力设施产权部分由供电企业负责运行维护管理，分界点负荷侧电力设施由客户负责。在合同有效期内，经双方协商同意，可以变更、转让或解除合同。合同一式两份，双方各执一份。

3-5 "供用电合同"中的约定事项指什么？

答：某些事项法律不做强制规定，由当事人根据意愿选择，在合同中约定，这类条款称为约定事项。在"供用电合同"中，供用电双方认为需要明确的事项，都可经双方协商一致后在合同中进行约定。但要注意几点：一、约定事项不得违反国家法律、行政法规的强制性规定；二、约定事项填写时应明确具体；三、约定事项一般放在"供用电合同"最后一条特别约定条款中填写。

3-6 对客户的受电工程"三不指定"是指什么？

答：一不指定设计单位，二不指定施工队伍、三不指定设备材料采购单位。

3-7 承揽客户受电工程的施工单位应具备哪些资质？

答：承揽受电工程施工的单位应具备政府部门颁发的相应资质的承装（修、试）电力设施许可证、建筑业企业资质证书和安全生产许可证。

3-8 根据《国家电网公司业扩报装管理规则》，现场勘查的主要内容是什么？

答：勘查的主要内容包括：

（1）对申请新装、增容用电的居民客户，应核定用电容量，确认供电电压、计量装置位置和接户线的路径、长度；

（2）对申请新装、增容用电的非居民客户，应审核客户的用电需求，确定新增用电容量、用电性质及负荷特性，初步确定供电电源、供电电压、供电容量、计量方案、计费方案等；

（3）对拟定的重要电力客户，应根据国家确定重要负荷等级有关规定，审核客户行业范围和负荷特性，并根据客户供电可靠性的要求以及中断供电危害程度确定供电方式；

（4）对申请增容的客户，应核实客户名称、用电地址、电能表箱位、表位、表号、倍率等信息，检查电能计量装置和受电装置运行情况。

3-9 什么是业扩进程查询？

答：业扩进程查询是指供电企业为合法用电人提供业扩报装进程的查询服务。依据客户提供的相关报装信息，通过营销SG186系统的业扩流程查询功能，准确解答告知客户目前该业扩流程所在的节点。

3-10 客户工程的设计是否可以委托除供电部门以外的其他单位进行？

答：可以，但是所委托设计单位须经省级及以上电力主管部门审查并取得丙级及以上电气工程设计资质。

3-11 客户委托施工单位有什么要求？

答：客户委托的施工单位须具备电力工程施工的相应等级资格，并符合相关的安全规定。

3-12 新装、增容用电包括哪些？

答：（1）新装、增装变压器容量用电；
（2）新装、增装低压电力负荷用电；
（3）新装、增装照明负荷用电；
（4）申请多电源用电；
（5）申请高压电动机、自备电厂用电。

3-13 新建房屋如何申请用电？

答：客户可到当地营业厅办理低压用电申请，并提供以下书面材料：①户主的身份证及复印件；②政府相关部门有关建设批复证明；③建筑总平面图和地理位置图；④填写"低压用电申请书"，内容包括用户户名、用电地点、项目性质、申请容量、要求供电的时间、联系人和联系电话等。供电公司制定供电方案后，由业务受理员通知客户，客户再去采购工程所需的设备材料，然后委托具有施工资质的施工单位按照供电方案进行施工。供电公司对工程进行检查验收合格后，方可签订供用电合同，并装表接电。

3-14 低压客户新装用电时对电源进户点有什么要求？

答：低压客户新装（增容）用电时，对电源进户点的要求如下：

（1）进户点尽量接近供电电源线路处。

（2）用电容量较大的客户应尽量接近负荷中心。

（3）进户点应错开排泄雨水的水沟、墙内烟道，并与煤气管道、暖气管道保持一定的安全距离。

（4）一般应在墙外地面上能看到进户点，以便于检查和维护。

（5）进户点距地平面的最小距离不得小于2.5米，如条件不能满足时，低于2.5米的导线应穿塑料管等加以保护。

（6）进户点的墙面应能牢固安装接户线支持物。

3-15 高压用户申请新装或增加用电时，应向供电企业提供哪些资料？

答：客户应提供下列材料：

（1）书面用电申请（内容包括：客户名称、工程项目名称、用电地点、用电性质、负荷特性、用电负荷、保安电力、申请容量、所属行业及主要产品、供电要求、联系人和联系电话等）。

（2）房产证或房屋租赁合同。

（3）用电设备清单。

（4）营业执照、税务登记证及组织机构代码证。

（5）法人代表身份证及复印件。

（6）规划平面图。

（7）政府立项批复文件及规划选址意见书。

（8）特殊客户的环保批文。

（9）如客户委托他人办理，须提供授权委托书及受托人身份证。

（10）根据客户具体情况需要提供的其他资料。

3-16 低压非居民客户申请新装用电时，应向供电企业提供哪些资料？

答：客户应提供下列材料：

（1）书面用电申请（内容包括：客户名称、用电地点、用电性质、用电负荷、申请容量、所属行业及主要产品、联系人和联系电话等）。

（2）营业执照及税务登记证。

（3）用电设备清单。

（4）法人代表（负责人）身份证及复印件。

（5）房产证或房屋租赁合同。

（6）特殊客户的环保批文。

（7）根据客户具体情况需要提供的其他资料。

3-17　居民客户申请新装用电时，应向供电企业提供哪些资料？

答：客户应提供下列材料：

（1）书面用电申请（内容包括：客户名称、用电地点、申请容量、联系人和联系电话等）。

（2）房产证或购房合同等能证明房屋所有权的材料。

（3）房屋产权人的居民身份证。

3-18　如何办理新装变压器手续？

答：依照相关规定，请客户携带有效证件前往本地供电营业厅办理用电申请。如您是企业法人，请携带企业营业执照、税务登记证、组织机构代码证副本、产权证明及法人身份证。如您是自然人，携带身份证和产权证明即可。申请受理后，供电公司会派专人前往你处，对用电情况进行现场勘查，并制定相应的供电方案。

关于购买设备材料的问题，供电企业严格执行"三不指定"原则，供电方案确定后，客户自行选择有资质的设计单位（送电工程、变电工程等）。电气工程蓝图审核通过后，客户自行选择设备材料厂家或公开招标。设备确定后，客户需携带所选设备材料厂家合法经营资质、生产许可证、质量检验证书及3C认证（行业标准认证）等资料，报本地供电企业审核备案。经供电企业的安全、技术等部门对电气工程蓝图审核通过后，客户方可根据蓝图订购设备。

3-19　高压增容怎么办理？

答：首先，客户需提供一份完整的用电申请，材料包括高压增容用电申请表、经办人及法人身份证复印件、委托书、营业执照、电工证、房产证复印件、315千伏安以上需提供批文。这些材料经审核无误后，供电公司会接受您的申请，并在规定时间内到现场查勘，提供给客户一份书面的供电方案。

接着，客户需委托具有合格资质的设计单位，对增容工程进行全面设计，设计图纸完成后送审，在规定时间内安排图纸审核，供电公司会书面答复图纸审核意见。

最后，客户拿着供电方案和设计图纸，委托具有资质的施工单位施工，并根据工程进展提出中间检查及竣工验收的申请，供电客服中心会在规定时间内检查。工程验收合格后，客户就可与供电公司签订供用电合同，安装电能计量表后，即可送电。

3-20 变更用电包括哪些内容？

答：变更用电包括以下内容：①减容：减少合同约定的用电容量。②暂停：暂时停止全部或部分受电设备的用电。③暂换：临时更换大容量变压器。④迁址：迁移受电装置用电地址。⑤暂拆：暂时停止用电并拆表。⑥移表：移动电能计量装置的安装位置。⑦更名或过户：改变用电户的名称。⑧分户：一户分列为两户及以上的客户。⑨并户：两户及以上客户合并为一户。⑩销户：合同到期终止用电方。⑪改压：改变供电电压等级。⑫改类：改变用电类别。⑬复装：恢复原减容、暂停、暂换、暂拆的用电容量。

3-21 变更用电如何办理？

答：客户变更用电时，应填写"变更用电申请表"，加盖公章，并携带有关证明文件，到供电营业部门办理申请手续，变更供用电合同。客户办理变更用电应提供的资料：①暂停、减容后的用电设备明细；②迁移用电地址，按新装用电提供有关资料；③移表、拆表、改变用电性质应出具书面申请，说明原因；④居民申请过户、分户、并户应携带双方户口本、房产证；⑤机关、企事业单位、社会团体、部队等过户，应出具双方协议，并提供新户的银行账号、设备明细表、用电性质等；⑥临时用电户不得办理变更用电事宜。

3-22 供电企业对办理减容有哪些规定？

答：（1）减容必须是整台或整组变压器的停止或更换小容量变压器用

电。供电企业在受理之日后，根据用户申请减容的日期对设备进行加封。从加封之日起，按原计费方式减收其相应容量的基本电费。但用户申明为永久性减容的或从加封之日起期满2年又不办理恢复用电手续的，其减容后的容量已达不到实施两部制电价规定容量标准时，应改为单一制电价计费。

（2）减少用电容量的期限，应根据用户所提出的申请确定，但最短期限不得少于6个月，最长期限不得超过2年。

（3）在减容期限内，供电企业应保留用户减少容量的使用权。用户要求恢复用电，不再交付供电贴费；超过减容期限要求恢复用电时，应按新装或增容手续办理。

（4）在减容期限内要求恢复用电时，应在5天前向供电企业办理恢复用电手续，基本电费从启封之日起计收。

（5）减容期满后的用户以及新装、增容用户，2年内不得申办减容或暂停。如确需继续办理减容或暂停的，减少或暂停部分容量的基本电费应按50%计算收取。

3-23 供电企业对办理暂停用电有哪些规定？

答：（1）用户在每一日历年内。可申请全部（含不通过受电变压器的高压电动机）或部分用电容量的暂时停止用电2次，每次不得少于15天，一年累计暂停时间不得超过6个月。季节性用电或国家另有规定的用户，累计暂停时间可以加议。

（2）按变压器容量计收基本电费的用户，暂停用电必须是整台或整组变压器停止运行。供电企业在受理暂停申请后，根据用户申请暂停的日期对暂停设备加封。从加封之日起，按原计费方式减收其相应容量的基本电费。

（3）暂停期满或每一日历年内累计暂停用电时间超过6个月者，不论用户是否申请恢复用电，供电企业须从期满之日起，按合同约定的容量计收其基本电费。

（4）在暂停期限内，用户申请恢复暂停用电容量用电时，须在预定恢复前5天向供电企业提出申请。暂停时间少于15天者，暂停期间基本电费照收。

（5）按最大需量计收电费的用户，申请暂停用电必须是全部容量（含不通过受电变压器的高压电动机）的暂停，并遵守本条（1）至（4）项的有关规定。

3-24 如何办理变压器暂停业务？

答：（1）客户暂停变压器，须在5天前向供电企业提出书面申请。

（2）按要求填写《客户变更用电（甲类）申请表》，相关材料准备齐全。这里需要注意的是签名栏应签名，个人客户只要客户本人或客户授权签名即可，单位客户应有法人代表或法人代表授权的经办人签名并加盖公章。

（3）用户一年内可申请2次暂停，每次不得少于15天，一年累计时间不得超过6个月。季节性用电或者国家另行规定的用户，累计暂停时间可以另行协商。

（4）暂停现场设备由供电企业进行检查及加封，到期后由供电企业启封。

（5）需要提前或延期恢复变压器用电的，需要提前提出书面申请。

3-25 如何办理变压器暂换手续？

答：当客户运行中的受电变压器发生故障或计划检修，无相同容量变压器可以替代需要临时更换大容量变压器代替运行时，客户在电费结清后，需携带相关资料，提前5天到所属供电营业厅办理暂换手续。

需注意：①必须在原受电地点内整台暂换受电变压器。②暂换变压器的使用时间，10千伏及以下不超过2个月，35千伏及以上不超过3个月。逾期不办暂换手续，私自更换变压器的，供电公司可终止供电。③暂换的变压器经检验合格后才能投入运行。④对执行两部制电价的客户需在暂换之日起，按替换后的变压器容量计收基本电费。⑤暂换变压器一般应为原容量，如无原容量变压器，只允许其容量比原来变压器容量高一个等级。⑥换装容量使用期满后，客户应该及时恢复原变压器容量用电，否则即按违章和增容私增用电处理。⑦如果是高供低计的应自换装之日起追收该变压器损失电量。

3-26 供电企业对用户迁址用电有哪些规定？

答：用户迁址，须在5天前向供电企业提出申请。供电企业应按下列规定办理：

（1）原址按终止用电办理，供电企业予以销户。新址用电优先受理。

（2）迁移后的新址不在原供电点供电的，新址用电按新装用电办理。

（3）新址用电引起的工程费用由用户负担。

（4）迁移后的新址仍在原供电点，但新址用电容量超过原址用电容量的，超过部分按增容办理。

（5）私自迁移用电地址而用电者，属于居民用户的，应承担每次500元的违约使用电费；属于其他用户的，应承担每次5000元的违约使用电费。且自迁新址不论是否引起供电点变动，一律按新装用电办理。

3-27 供电企业对用户暂拆（因修缮房屋等原因需要暂时停止用电并拆表）有哪些规定？

答：如果低压客户因出外打工或修缮房屋等原因，需要暂停几个月用电并拆表，可持有关证明向供电企业提出暂拆申请。供电企业应按下列规定办理：①客户办理暂拆手续后，供电企业应在5天内执行暂拆。②暂拆时间最长不得超过6个月。暂拆期间，供电企业保留该客户原容量的使用权。③暂拆结束，客户要求复装接电时，须向供电企业办理复装接电手续并按规定交费。上述手续完成后，供电企业应在5天内为客户接电。④超过暂拆规定时间要求复装接电者，需按新装手续办理。

3-28 供电企业对用户办理移表有哪些规定？

答：用户移表（因修缮房屋或其他原因需要移动用电计量装置安装位置），须向供电企业提出申请。供电企业应按下列规定办理：

（1）在用电地址、用电容量、用电类别、供电点等不变情况下，可办理移表手续；

（2）移表所需的费用由用户负担；

（3）用户不论何种原因，不得自行移动表位，否则，属于居民用户的，应承担每次500元的违约使用电费；属于其他用户的，应承担每次5000元的违约使用电费。

3-29 电能表迁移如何办理？

答：移表所需的费用按照产权划分，电表箱以上的归为电力企业负责，以下为客户所有。客户因为修缮房屋或其他原因需要移动电能表（或电表箱），应该先向当地供电企业提出申请，由其派专业人员来操作。

电能表迁移有三项规定：一是如果客户在用电地址、用电容量、用电类别、用电点等不变情况下，可直接办理移表手续；二是迁移电能表所需的费用由客户承担；三是不管什么原因，客户不可以自行移动表位。

《供用电营业规则》第一百条第五项规定，客户私自移动电能表，或者擅自操作已约定由供电企业调度的用电计量装置、供电设施，居民客户的每次应承担500元的违约使用电费，其他客户每次应承担5000元的违约使用电费。

3-30　低压用户如何办理电能表更名？

答：根据供电营业规则第三章第二十九条，用户更名或过户（依法变更用户名称或居民用户房屋变更户主），应持有关证明向供电企业提出申请。供电企业应按下列规定办理：①在用电地址、用电容量、用电类别不变条件下，允许办理更名或过户；②原用户应与供电企业结清债务，才能解除原供用电关系；③不申请办理过户手续而私自过户者，新用户应承担原用户所负债务。

3-31　高压用户如何变更动力变压器用户名？

答：客户办理动力变压器用户名变更，需携带以下资料：企业双方营业执照副本复印件各一份，企业公章、法人代表名章各一枚，双方法人代表身份证复印件各一份，经双方签字盖章的变更申请书一份，房屋的产权证书或土地使用证书复印件一份。如果客户是一般纳税人或增值税企业，另提供组织机构代码证和税务登记证复印件一份。客户可以随时到供电公司营业厅登记窗口进行办理。

3-32　二手房交易时办理用电过户应注意什么？

答：（1）在用电地址、用电容量、用电类别不变的条件下，用户方可办理用电更名或过户。

（2）原用户应与供电企业结清债务，才能解除原供用电合同关系。

（3）不申请办理过户手续而私自过户者，新用户将承担原用电户所负担的债务。

（4）已办理银行托收方式的原用电户，办理过户前需先到银行取消银行托收。

3-33 户口房产未分开房子可否一户两表?

答:根据《供电营业规则》第三十条规定:用户分户,应持有关证明:①分户中每户单独的房屋产权证(原件核对、复印件一份);②分户中每户产权人身份证(复印件一份);③需提供原先用电的电费发票或交费卡向供电企业提出申请。

3-34 客户要分为两户及以上客户用电有何规定?

答:客户申请分户,应持有关证明资料向供电企业提出申请,供电企业按以下规定办理:

(1)在用电地址、供电点、用电容量不变,且其受电装置具备分装的条件时,允许办理分户。

(2)在原客户与供电企业结清债务的情况下,方可办理分户手续。

(3)分立户的新客户应与供电企业重新建立供用电关系。

(4)原客户的用电容量由分户者自行协商分割,需要增容者,分户后另行向供电企业办理增容手续。

(5)分户引起的工程费用由分户者承担。

(6)分户后受电装置应经供电企业检验合格,由供电企业分别装表计费。

3-35 客户办理并户有何规定?

答:申请并户,客户应持有关证明材料向供电企业提出申请,供电企业按以下规定办理:①同一供电点、同一用电地址的相邻两个及以上客户允许办理并户;②原客户应在并户前向供电企业结清费用;③新客户用电容量不得超过并户前各户容量之和;④并户引起的工程费用由并户者承担;⑤并户的受电装置应经检验合格,由供电企业重新装表计费。

3-36 如何办理终止用电销户手续?

答:客户申请销户业务,需提供客户身份证原件及复印件,结清供用电双方相关费用，如有应收电费，先结清应收电费，打印电费发票给客户；如有退费，计算并退费给客户，打印电费发票给客户。销户是合同到期终止用电的简称。下列情况之一者，供电企业应按销户办理。

《供电营业规则》第二十六条规定：用电户迁址，原址按终止用电办理，供电企业按销户处理；

《供电营业规则》第三十六条规定：用电户依法破产，供电企业应予销户，终止供电；

《供电营业规则》第三十三条规定：用电户连续6个月不用电，也不申请办理暂停用电手续者，供电企业须以销户终止其用电，用电户须在用电时，按新装用电办理；

《供电营业规则》第三十二条规定：用电户申请拆表销户者，供电企业检查员到现场检查核实，用户在办理过户前应结清电费，向供电企业提出书面申请，其中包括户号、户名、地址、销户原因并盖章；

《供电营业规则》第三十二条规定：供电企业应按下列规定办理：销户必须停止全部用电容量的使用。用电户已向供电企业结清电费。检查用电计量装置及封印完好性，执行拆表操作，记录拆表和电能表示数信息；对无表客户拆除电源。与客户终止供用电合同，并在合同上注明"销户"字样。

3-37 工厂如何更改供电电压等级?

答：因客户原因需要在原址改变供电电压等级，应第一时间向供电公司提出申请：改为高一等级电压供电，容量不变，免收其供电贴费；超过原容量者，超过部分按增容手续办理。改为低一等级电压供电时，改压后的容量不大于原容量者，应收取两级电压供电贴费标准差额的供电贴费；超过原容量者，超过部分按增容手续办理。改压引起的工程费用由客户负担。

3-38 如何办理改类用电手续?

答：根据《供电营业规则》第三十五条规定，用户改类，须向供电公司提出申请，供电公司应按下列规定办理：①在同一受电装置内，电力用途发生变化而引起用电电价类别改变时，允许办理改类手续；②擅自改变用电类别，应按《供电营业规则》第一百条第1项处理。用电客户改变用电类别，应先办理更名业务，从非居民户名改为居民户名，然后需携带经办人身份证原件及复印件向供电公司提出申请，提供改类依据，供电公司派工作人员到现场核查用电性质和当前电能表读数，最后客户须签订变更用电业务申请书。

3-39 饭店改为一般居民用电类别应如何办理手续？

答：按用电类别管理有关规定，客户需要持营业执照、身份证、户籍证明以及停业申请去当地工商部门办理停业手续，然后携带工商部门出具的停业证明材料以及户主身份证、磁卡表有关信息（最近电费交纳单据）到当地供电营业厅填写《用电类别变更申请表》。供电服务人员将依照工商部门出具的停业证明材料，自停业初始日起将用电类别予以更改。

3-40 居民家中要开餐馆，需要更改用电类别吗？

答：根据《中华人民共和国电力法》《电力供应与使用条例》规定：凡利用居民住宅从事生产、经营活动的用电，应按用电性质执行相应类别的电价。由于餐馆是从事对外经营活动的，属于商业性质用电，必须按照国家规定执行商业电价，因此需要尽快办理"更改用电类别"的手续。

居民需携带电费单、居民身份证、电费代扣银行存折、营业执照等，并填写《客户变更用电乙类申请表》，加盖公（私）章，就近选择供电营业厅办理相关手续。

3-41 申请临时用电应注意哪些问题？

答：临时用电是指基建工地、农田水利以及非正常年景的抗旱、排涝等非永久性用电，临时用电时间一般不得超过6个月。

客户申请临时用电时应注意以下问题：

（1）临时用电的单位或个人应到当地供电公司办理申请手续，经双方签订供用电协议并装设计量表计后方可用电。

（2）临时用电均应装设漏电保护器和短路、过载保护设备。临时用电如需架设线路，应符合有关电力规程规定。

（3）临时用电期间，客户应安排专人看管电力设施，用完及时拆除。临时用电设备的内部线路应符合装置标准，并可靠固定；移动式电气设备的电源线应用完好的绝缘电线，不允许使用破损的电线或私拉乱接家用电线。

3-42　盖房、打井等临时用电，怎么办理？

答：如果您要盖房、打井等临时用电，可到所辖供电所营业厅办理，申请临时用电的用户，要与供电公司签订临时用电合同，约定临时用电容量、期限及违约责任内容，并按相应容量预交临时接电费用。临时用电期限一般为6个月内，最长不超过3年。为保证您的合法用电权利，在临时用电合约到期前，请及时到所辖供电所营业厅办理正式用电手续。

3-43　新建房屋如何申请施工建设临时用电？

答：用电客户需持用电人身份证明及用电人的房屋、土地权属或合法使用证明到当地供电营业厅，填写申请表及其他相关表格办理临时用电业务，办理时须告知营业员主要用电设备名称、容量、负荷特性等信息；若用电人委托别人办理业务，受委托人还需提供自身有效身份证明及用电人授权委托书原件。临时用电结束时须拆表销户，同时办理正式用电手续。

临时用电应根据施工组织设计或施工安全技术措施布设，并符合当地供电公司的规定；电气线路不得接触潮湿地面，不得靠近热源，不得直接绑挂在金属构架上任其晃动而不加绝缘子固定；施工现场每台用电设备应有各自专用的开关箱，且必须满足"一机、一闸、一漏"的要求，严禁用同一开关箱直接控制两台及以上的用电设备；配电箱及开关箱应固定牢固、便于操作；周围应有两人同时工作的足够空间和通道；不要在箱旁堆放建筑材料和杂草、杂物等易燃物，在发生火灾等紧急情况时须保证现场照明不中断；配电箱内的动力开关与照明开关必须分开使用。

3-44　临时用电用户未装用电计量装置的，供电企业如何收取电费？

答：应根据其用电容量，按双方约定的每日使用时数和使用期限预收全部电费。用电终止时，如实际使用时间不足约定期限1/2的，可退还预收电费的1/2；超过约定期限1/2的，预收电费不退；到约定期限时，终止供电。

3-45　临时用电报拆时应注意什么？

答：临时用电决定不用准备报拆时，应明确产权关系，从产权分界点以下的客户部分，应在供电企业断开引线后立即全部拆除，不留死角，以免留下隐患。

3-46 临时用电如何转正式用电？

答：临时用电客户如想改为正式用电，应按新装用电业务办理。依照《供电营业规则》规定，应由开发商到供电营业厅提出申请，办理手续，并提供相关资料，包括用电地点、电力用途、用电性质、用电设备清单、用电负荷、保安电力、用电规划等，并依照供电企业规定的格式如实填写用电申请书及办理所需手续。

3-47 临时用电延期如何办理？

答：客户因特殊原因确需延长临时用电期限，应在到期日之前到营业厅办理延期申请手续，逾期未办理的，供电企业不再受理其延期申请。临时用电期限不满4年，可延期一次，累计期限不超过4年。用电检查人员应核实客户现场的电力用途和用电范围，确认无误后与客户商议确定延期方案。供电企业应按客户延长后的临时用电总期限计算临时用电定金，扣除已交部分，向客户补收差额，并由用电检查员负责与客户签订《临时用电延期补充协议》。

3-48 需要临时增加用电负荷，该怎么办？

答：在广大农村地区，婚丧嫁娶，孩子满月都会邀请民间艺术团体来助兴，这些艺术团使用的灯光、音响设备用电负荷很高，再加上农户家中的电器，一旦全部开启，家庭供电线路根本承受不了如此大的负荷，往往会导致线路和设备发热起火，酿成火患。广大农村用电客户在不了解自家线路能承受多大的用电负荷的情况下，千万不要私自增加用电负荷。客户确需增加用电负荷时，要到当地的供电营业厅办理临时用电手续，安装匹配的设备，这样才能保证安全可靠用电。

3-49 临时用电过程中，应如何维护？

答：临时用电维护应与正式电源一样，定期巡视、保养、检修并做好设备的预试工作，对于架空线路和室外设备应加强巡视，做好防雨、防冻、防鸟害和去树障等工作。发现问题应及时处理，对于箱式变电站还应定期检查是否漏雨，设备是否锈蚀。

3-50 房屋即将拆迁还需更换智能电能表吗？

答：由于供电公司并不掌握居民所在地区房屋的动迁情况，如在换装智能电表的过程中，供电公司了解到政府部门确切的拆迁信息，会联系当地政府部门，共同核实，协商解决是否还需要更换智能电能表。如政府部门对近期将拆迁的房屋已经加以确认，那么供电公司将暂停这一地区的智能电能表换装工作。

3-51 商铺如何申请安装电能表？

答：客户须带上营业执照复印件、房产证复印件、法人代表身份证复印件到供电营业大厅办理申请手续。如果不是本人前来办理，还需要经办人身份证原件和法人委托书原件。申请手续受理后，相关工作人员会到现场查勘。

3-52 为继承房屋办理报装手续需要注意什么？

答：供电企业在为继承房屋的客户办理报装手续时，除需要客户提交正常报装申请时需要的用电申请表、申请人身份证明资料、客户授权委托书（非客户本人亲自办理时出具）外，为规避有可能发生的遗产争议，还会要求申请者提供遗产继承的公证书或法院生效判决书。特别需要注意的是，村委会或居委会出具的相关证明不具有证明力。

3-53 客户用电工程需破路，手续如何办？

答：用电工程中若涉及需要破路的手续，均由客户自行办理。客户可带着工程设计图纸到市政管理处领取破路申请表，按要求准备好相关材料，再前往市政服务窗口申请。窗口工作人员审核完相关材料后，会安排勘查人员到现场确认具体位置和面积，并测算破路工程费用。客户交费后便可到市政服务窗口领取破路许可证，进行施工。

3-54 "一户多人口"电价如何办理？

答：对于家庭常住人口在5人及以上的"一户一表"居民办理"一户多人

口"电价业务时，用户可到供电公司各营业网点办理，需提供以下资料：①持本市、县公安部门核发的居民户口簿原件、房产证明原件；②居委会证明和家庭所有常住人口身份证、办理人员身份证原件；③近期电费账单原件，向所属供电所营业网点提出申请，并经供电所营业人员现场核实。

3-55 线上受理时，高压企业办电需要填写什么信息？

答：线上受理时，高压企业办电需填写企业名称、法人代表姓名、法人代表手机、身份证号码、经办人姓名、经办人手机、用电地址，上传身份证反正面照片、营业执照或组织机构代码二选一。

3-56 何为双电源用户？

答：凡具有下列情况之一者，属双电源用户：

（1）从电网的两个电源点接有两条供电线路的用户。

（2）从电网接有一条供电线路，又装有自备发电机的用户。

（3）从电网同一条配电线路的不同变压器接有两条供电线路的用户。

3-57 供电企业对双电源用户有何要求？

答：双电源用户在用电前，必须与电业部门签订"双电源管理协议"和"调度管理协议"。

双电源用户必须有可靠地防止向供电系统反送电的安全措施：

（1）低压供电的双电源，必须安装双投开关。

（2）高压供电的双电源用户，有直流电源的可在其进线开关之间装设电气联锁装置，没有直流电源的必须装设可靠的机械联锁装置。

（3）装有自备发电机的用户，必须安装双投开关，自备发电机的配电线路不得与供电企业供电线路同杆架设。

3-58 什么情况下，用户重要负荷的保安电源应由用户自备？

答：遇有下列情况之一者，保安电源应由用户自备：

（1）在电力系统瓦解或不可抗力造成供电中断时，仍须保证供电的；

（2）用户自备电源比从电力系统供给更为经济合理的。

3-59　客户如何管理自备发电机?

答：凡需安装使用自备发电机的用电客户，必须向当地供电公司提出申请并报送接线图纸，在供电公司审核同意后方可施工。安装结束后，必须经过供电公司验收合格，双方签订安全合同才可投入使用。安全合同中应详细约定用电客户信息、所在线路名称地段、变压器台区数据、产权分界点，客户自备发电机数据等，以保证安全用电。

客户不需要自备发电机时，应到供电公司办理注销手续，并拆除发电机。所有未经供电公司同意擅自接入电源的行为均属非法行为。

3-60　客户是否可以自行购置供电设备?

答：可以。但是，为保证电网安全，客户自行购置的电气设备，必须是国家相关检验部门检验合格的产品，并且具备相关的产品试验数据。

3-61　新旧物业公司交接用电设施应注意哪些问题?

答：注意事项如下：

（1）新物业公司与旧物业公司交接小区内的电力设施时，供电公司抄表人员或业主委员会负责人应到现场与新、旧物业公司现场确认所有表计的表计数。

（2）新、旧物业公司应明确交接电力设施时间点前后的电费交纳主体，特别是对交接点前已发生的电费，应明确具体的金额与交费时间。

（3）供电公司将与旧物业公司中止《供用电合同》，与新物业公司重新签署《供用电合同》，并要求新、旧物业公司责任人共同到供电营业场所办理过户手续。

（4）只有在清偿完毕交接点前已发生的电费（如有电费违约金，亦应清偿完毕）的情况下，供电公司才会办理过户手续。

3-62　大约300户的新建小区怎么选择变压器容量呢?

答：随着社会的发展，居民用电量的差别越来越大，不但地区差异很大，即便是一个小区内差异也很大。因此估算配电容量，应根据所在地的具体用电情况而定。

一般而言，普通居民家主要用电设备为两台空调，2×2千瓦=4千瓦，热水器2千瓦，电磁炉1.5千瓦，其他用电设备如冰箱、洗衣机、电视等约1.5千瓦，共计9千瓦，则300户需要：9千瓦×300=2700千瓦。

但实际上各个家庭的用电设备不一定同时开，容量会小于此值，但居民用电非常重要，又无法进行控制和管理，各家负荷又处于增长过程中，变压器选择大一点比较好，故建议选择2000千伏安或2500千伏安的变压器比较好。

3-63 新建一座35千伏变电站，已委托设计院设计，作为甲方，需向供电公司提供哪些资料呢？

答：作为甲方，你只需向供电公司提出用电要求就可以了，不仅要考虑当前的用电要求，还要考虑到以后的用电要求和特殊要求，如电能质量、可靠性、运行费用等。

主要体现在以下两点：

（1）供电系统的情况，这需要当地供电企业的配合，大设计院和供电企业协作密切，但小设计院可能需要你去与当地供电企业协调，取得系统数据，这是进行设计和选择设备的关键步骤。

（2）根据企业的生产工艺，特别是有没有大型设备、启动情况怎样、需要什么样的电能质量、对电网电能质量的影响、设备自然功率因数多高等情况，有的供电企业还要求用电客户作出接入系统后，对系统电能质量的影响报告等，这些都需要设计院根据生产工艺和设备进行评估确定。

3-64 "三压减、两加强、一提高"的内容分别是什么？

答：三压减：压减流程环节、压减接电时间、压减客户办电成本。两加强：加强创新服务、加强监督监察。一提高：提高供电可靠性。

3-65 高压客户流程压减为几个环节？分别是什么？

答：对高压客户流程压减为4个环节，分别是"申请受理、供电方案答复、外部工程实施、装表接电"4个环节。

3-66 低压客户流程压减为几个环节？分别是什么？

答：低压客户流程压减为"申请受理、外部工程实施、装表接电"3个环节，具备直接装表条件的，取消"外部工程实施"环节。低压居民客户办电实行勘查、装表"一岗制"快速响应作业模式，实现当日申请当日装表送电。

3-67 压减办电时长的工作目标是什么？冀北地区目前成效如何？

答：按照《国家电网公司关于印发报装接电专项治理行动 优化营商环境工作方案的通知》（国家电网办〔2018〕150号）文件要求，10千伏、400伏非居民客户平均接电时间分别压减至80天和30天。

2018年1月–8月，公司10千伏用户累计平均接电时长为62.20天；400伏非居民平均接电时长为4.82天，达到国网公司相关要求。

3-68 目前冀北地区低压接入容量标准是什么样的？

答：《国网冀北电力有限公司营销部关于提升客户"获得电力"感知度推进优化营商环境相关工作的通知》（冀电营销传〔2018〕180号）明确："适当提高低压接入容量标准，具备条件的地区，市区100千伏安及以下一般工商业客户实行低压接入。"

3-69 关于优化营商环境，冀北公司推出哪些特色措施？

答：国网冀北电力有限公司推出"5+服务"。

3-70 国网冀北电力有限公司推出"5+ 服务"是什么？

答：线下体验+线上办理，减少环节+精简资料，压降成本+金融增值，缩短用时+主动对接，电力专家+能源管家。

3-71 国网冀北电力有限公司推出"5+ 服务"目的是什么？

答：助力营商环境优化，打造全新供电服务体验，实现业扩办电提速增效。

3-72 哪几类业务实现"一次都不跑"？哪几类业务实现"最多跑一次"？

答：10种简单业务：低压居民新装、更名、过户、改类、暂停、暂停恢复、减容、减容恢复、交纳电费、取得增值税普通发票，实现"一次都不跑"。对4种复杂业务：低压非居民新装、低压非居民增容、高压新装、高压增容，实现"最多跑一次"。

3-73　优化变更用电采取了哪些措施？

答：取消企业暂停用电申请次数限制，取消减容期限以及新装、增容客户两年内不得再次申请减容或暂停用电的规定。将基本电价计费方式（变压器容量或最大需量）变更周期由按年调整改为90天可调整一次。

3-74　如何开展深化"互联网＋"营销服务？

答：引导客户线上办电，全流程跟踪督办，增值税普通发票线上领取。大规模宣传掌上电力APP、电e宝等电子渠道余额查询、电费预警提醒、在线充值购电等基本服务。

3-75　推广综合能源时提供哪些服务？

答：针对有需求的企业提供电能替代政策指导、技术咨询、上门受理、业务代办等"管家式"增值服务。

3-76　高压业扩报装各环节时限分别是多久？

答：高压业扩报装各环节时限：自受理客户申请之日起，高压单电源客户不超过13个工作日，高压双电源客户不超过27个工作日；设计审查，不超过5个工作日；中间检查不超过2个工作日；竣工检验，不超过5个工作日；装表接电，不超过5个工作日。

3-77　营业厅受理报装申请提供哪些便捷措施？

答：营业厅实行"一证受理"，主动向客户提供业务办理告知书，对于申请资料暂不齐全的客户，收到其用电主体资格证明并签署"承诺书"后，正式受理用电申请并启动后续流程，现场勘查时收资。实行低压居民申请免填单；实行同一营业区域跨营业厅受理办电申请；为特殊客户群体（孤寡老人、残障人士以及其他特需人员）提供办电预约上门服务。推行网格化、片区化服务，实现"一站式"办电，推行低压综合业务"一岗制"。

3-78 供电企业在压减接电时间，提高办电效率方面采取了哪些措施？

答：提高方案编审效率，取消供电方案分级审批，实行直接开放、网上会签或集中会审；简化客户工程查验，取消普通客户设计审查和中间检查，实行设计单位资质、施工图纸与竣工资料合并报验；简化竣工检验内容，取消客户内部非涉网设备施工质量、运行规章制度、安全措施等竣工检验内容，优化客户报验资料，实行设计、竣工报验资料一次性提交。

第四部分　电力营销新型业务 》

4-1　全球能源互联网对能源开发将产生哪些影响？

答： 依托全球能源互联网，"两个替代"全面实施，清洁能源实现大发展，清洁电力得到全面应用，绿色低碳能源成为新时尚。到2050年，清洁能源占一次能源消费比重提高至80%，成为世界主导能源。

能源开发实现清洁替代。应对气候变化，化石能源开发将受到严格控制，并将逐步被清洁能源替代。未来，传统的燃煤电厂逐步退役，集中式、分布式清洁能源大规模开发，千万千瓦级的水电、风电、太阳能电站集群在峡谷、高山安家，各种分布式电源广泛分布在城市、农村，以清洁能源为特征的能源生产革命在全球兴起。

4-2　全球能源互联网对能源生产消费将产生哪些影响？

答： 依托全球能源互联网，能源消费实现电能替代。到2050年，全球实现电力普及，人人可获得电力，非洲等曾经贫困地区的人们，告别薪柴取能的时代，直接跨入电气化社会。电锅炉、电采暖、电制冷、电炊具和电动交通等广泛实现，热水、烹饪、采暖、空调、照明、灌溉等人类生活所需越来越多地通过电力解决，清洁电能基本上可满足绝大部分用能需求，交通、建筑、工业等重点领域的能耗水平显著降低。工业领域大范围推广实施煤炉、油炉改电炉以及电加热设备，告别烟囱林立。公路上奔驰的汽车超过九成由电力驱动。到2050年，电能占据终端能源需求的"半壁江山"，比重达到52.2%。人类进入了"电力无处不在"的电气化新时代。

依托全球能源互联网，能源生产消费实现双向互动。在全球能源互联网背景下，互联网、物联网、移动终端、云计算、大数据等众多先进的信息通信技术与能源电力技术紧密融合，电网更加智能化，推动能源消费从单向被动接收的用电方式，向双向互动、灵活智能化用电方式转变。电力公司可实时了解每个用户甚至每个用电设备的用电信息并掌握用电规律，针对用户特点开展灵活、高效的需求侧响应工作，引导用户改变用电行为，提供更加优质的用电服务；用户可以及时掌握自己的用电状况、电力价格等信息，主动参与城市及社区的用电管理，实现对用电的精益化管理。全球成千上万的建筑物、汽车、工厂等传统意义上的能源消费者，也成为能源的生产者，成为全球能源互联网的交易主体。

4-3 全球能源互联网对清洁能源利用将产生哪些影响？

答：全球能源互联网让清洁能源开发更高效。连接大型基地与负荷中心的特高压大通道建成，使全球可再生能源的资源得到充分发掘。世界各地相隔千里的水电、风电、太阳能发电装置联合运行，最大限度地提高资源开发利用效率，实现共赢。

全球能源互联网让清洁能源配置更高效。依托全球能源互联网，大规模的电力能够以光速在全球高效传输配置，不再局限在国内、洲内，实现东西半球跨时区补偿、南北半球跨季节调节，大幅减少全球总装机规模。在全球能源互联网的紧密联系之下，未来全球成为一个"能源村"，能源配置更便捷、更高效。

全球能源互联网让清洁能源消纳更高效。未来，依托全球能源互联网，各大洲实现互联互通，大电网突破了清洁能源富集地区当地消纳能力有限的制约，将消纳范围扩大至全球，从根本上消除弃光、弃风、弃水问题。依托大数据，全球能源互联网搜集、整理、分析各个能源消费终端的信息，实现各种能源优化调配，最大限度地避免浪费和低效利用，能源得到更高效使用，发挥更大作用。

4-4 全球能源互联网对社会发展将产生哪些影响？

答：全球能源互联网让社会生产方式更协同。全球能源互联网具有交互和协同性，与数字化和智能化制造业高度融合，将发挥越来越大的作用，推动"分布式"生产的兴起。未来企业间的互联构成更大、更高层次的智能生产网络，制造业的制造模式发生深刻变革，多品种、小批量生产方式可实现最优的能源效率。

全球能源互联网让社会组织形式更高效。全球能源互联网让社会分工合作在全球范围内得到更广泛实施。新科学、新技术、新理念过渡到新产品、新服务、新应用之间的时间跨度缩短，转换成本降低。对于个人而言，人类的生活方式呈现出网络虚拟集中、地理现实分散的鲜明特征，人类将身处更为宽松的工作环境、更具效率的社会组织中。

全球能源互联网让社会运转体系更智慧。2050年，智能电网与物联网、互联网等深度融合，能源供应、工业监测、信息通信、家政医疗、物流交通、远程教育、电子商务等各方面的服务更加丰富，实现全社会资源共享、多行业协同服务，拓展出广阔的应用领域。在城市管理领域，生活在城市的全球2/3的人口享受便利。依靠无处不在的电网和通信系统，气象监测、城市用能等信息，城市管理者都可以进行实时分析、处理和决策。在医疗服务领域，人体传感器与网络医生保持实时联系，甚至可远程控制机械手术刀来完成应急手术。在个人生活领域，智能眼镜、手表等可穿戴设备功能强大，人们可用语言、动作甚至意念来调动程序，实现新闻浏览、车辆启动等任务。在商业经营领域，营销系统、物流系统高度融合，无人化的交通工具实现便捷送货。

4-5　全球能源互联网对世界能源的供给和保障将产生哪些影响？

答：全球能源互联网让能源供给更充裕。到2050年，全球每年可生产出66万亿度清洁电能，充沛的电能将照亮世界每一个角落；每个人都能以可接受的成本获取能源供给。在充足的能源支撑下，人类巨大的物质需求得到充分满足，比如，大量收集的雨水、人类排放的污水等都被转化为清洁且价格低廉的淡水，满足社会的用水需求。

全球能源互联网让能源保障更可靠。发展清洁能源，未来世界能源可实现低成本、充足供给，全球配置的能源市场将建立秩序井然的能源供需调节机制，能源发展将较少地受到金融操控、商业投机、地缘政治等因素的影响，避免价格暴涨暴跌。

全球能源互联网让能源平台更坚强。特高压和智能电网技术让能源互联网覆盖世界每一个角落，能源供给不再有盲区和空白。水电、风电、太阳能发电等集中式和分布式电源大规模接入，实现供用电关系的灵活转换。依托大电网控制技术、信息通信技术等，可精确预测用电负荷，动态调整电力系统结构，保障跨国跨洲电网安全稳定运行。电网抵御风险的能力提高，能够更高效地应对台风、地震等灾害及外力破坏。

4-6 全球能源互联网将给生态环境带来哪些变化？

答：全球能源互联网大幅提升了全球清洁能源消费比重，各类温室气体和污染物排放显著下降，生态环境问题得以解决，处处是青山、绿水、蓝天，人类步入享受生态文明成果的新常态。

全球能源互联网让气候变化得以控制。全球能源互联网根本解决了全球气候难题。从现在起到2050年，依托可再生能源的快速发展，2050年二氧化碳排放仅为1990年的一半，大气温升控制在2摄氏度以内。粮食生产、水资源、生态、城镇化建设和人民生命财产受到的威胁大幅减少。干旱、洪水、气旋和风暴、热浪或寒潮等极端气候事件减少。根据世界卫生组织估计，从2030年起，因温室气体排放减少，每年可挽救数百万人的生命。

全球能源互联网让生态环境得到恢复。全球能源互联网使困扰人类的诸多能源生态问题迎刃而解。传统化石能源的生产、传输和消费规模都会缩减，广大消费者不必再为化石能源所产生的污染治理成本埋单，人的生活质量提高，平均寿命延长，从源头上降低环境污染对公众健康造成的负面影响。

全球能源互联网让资源消耗大幅减少。全球能源互联网推动化石能源采掘业转变成清洁能源制造业，能源生产不存在资源枯竭和品质下降、价格升高问题，这是新一轮可再生能源生产革命不同于前两次工业革命的又一突出特征。新工业体系下，清洁、高效、环境友好日益成为世界各国追求的主要目标，也推动了人类生产理念的改变。全球各大经济体只依靠原来1/4的原材料，就能在天更蓝、地更绿、水更净的环境下，支撑经济长周期繁荣。

4-7 全球能源互联网将给我们的生活带来哪些影响？

答：发展全球能源互联网，将改变公众生活，提升人类发展水平。全球能源互联网作为人类赖以生存和发展的能源基础设施，开创一种更具活力的经济体系，使人类在全新的能源网络经济中实现更好发展。

全球能源互联网让人人享受智能生活。未来，人类生产生活各个方面无不打上全球能源互联网的印记。在生产领域，信息技术与清洁能源系统的更好结合，使整个能源系统实现智能化，信息技术系统与能源系统联手，推动难以计数的各种机械、自动化生产线运转，共同调节建筑、汽车、工厂、电源间的联动运行。在生活领域，全球能源互联网给人类带来了空前便利。从汽车奔驰、火车运行、通信畅通，再到空调、微波炉、冰箱、洗衣机等家用电器运行，全部实现智能化。人们可以网络遥控打开家中的空调、制作美味的晚餐；可以自动控制洗衣机等各种用能设备，最大限度方便用户，节省用能成本；可以自动开启家庭储能设备、分布式电源、电动汽车充电设施等，成为亿万电力供应商的一员。普通家庭都能够通过全球能源互联网平台实现用户能源管理、移动终端购电、水电气多表集抄、综合信息服务、远程家电控制等，全面提高生活智能化水平。

全球能源互联网让个性需求得到充分满足。在能源利用上，通过全球能源互联网，人人既是用能者，又是生产者。人们甚至可以自由选择使用北极风能还是赤道地区的太阳能，可以选择不同时段不同价格的用电套餐。未来，人类的能源需求、商品需求、工作需求等由规模化向多元化转变。依托全球能源互联网，成千上万个工作岗位可以从工厂和办公室转移到家中去，改变人们的生产生活方式，解决交通拥堵和工业社会中的诸多问题。

全球能源互联网让人们全面自主健康发展。全球能源互联网引发的新科技革命及其成果的应用，将推动生产力加快发展，全方位促进人们生产方式、生活方式、交往方式和社会关系的改变。未来，社会生产的自动化和智能化水平显著提高，枯燥、重复的工作基本由机器和智能网络完成，广大劳动者有更多时间与精力从事自己喜爱的创造性劳动，从而为人的全面、自由发展创造客观条件、奠定物质基础、提供时间保证，人生道路的选择更为开阔。

4-8 全球能源互联网调度中心的职责和功能是什么？

答：随着全球能源互联网的发展，需要建立全球能源互联网调度中心，作为全球能源互联网合作联盟的下属机构，保障全球能源互联网的安全、稳定、经济、高效运行。全球能源互联网调度中心是各洲、各国调度中心共同参与治理的机构，以成员间签订的全球调度运行协议为基础，与各洲调度中心、各国调度中心一起，形成密切合作、分区分层控制的全球能源互联网调度体系，为保证全球能源互联网的安全运行提供制度保障。各洲调度中心在全球调度中心的统一指导下，协调洲内各国调度中心的运作。

全球能源互联网调度中心的主要职责将包括：制定电网运行和发展规则；

调度全球能源互联网的洲际主干网；协调监测各洲电网安全运行，并负责协调跨洲间的事故支援；制定全球能源互联网发展规划等；同时，全球能源互联网将建立信息及预警系统，各国电网运营商都可在系统中获取全球及各洲、国家的电网运行实时情况及数据，加强成员间安全运行协作。

全球能源互联网调度中心是全球能源互联网建设和运行的管理协调中心，具体功能体现在三个方面：一是负责全球电网协调运行，提高电网可靠性，保障全球供电安全。二是推动各洲之间的电网互联，促进电网投资，建立可持续发展的全球互联电网。三是创造有利于可再生能源接入的电网条件，推动全球实现可再生能源发展目标。

4-9 纯电动汽车与燃油汽车的结构有啥区别？

答：纯电动汽车与燃油汽车在结构上的最大区别在于动力系统和能源供应系统。电动汽车相对燃油汽车，最主要的改动是将燃油汽车的内燃机与油箱用匹配的蓄电池、电动机、调速器及相关设备来代替。

纯电动汽车没有发动机，因此取消了燃油汽车上与发动机相关的零件。在纯电动汽车中，不需要发动机、变速器、油箱、燃油供给装置、燃油喷射装置、火花塞、进气管、排气管、三元催化转化器以及消声器等零件，甚至连车头上的进气格栅都不需要。

纯电动汽车上增加的电气部件主要有蓄电池、电动机、控制器等。纯电动汽车用电动机代替了发动机，用控制器控制车辆运行。

对比发现，纯电动汽车与燃油汽车在外观上看不出区别（除排气管），但纯电动汽车内部结构相对简单，零件也比燃油汽车少得多，维护方便。

4-10 电动汽车与燃油汽车的驾驶感有何差别？

答：很多消费者迟迟不购买电动汽车的一个主要原因，是认为电动汽车续航不够，跑不远。其实，电动汽车能否远行取决于续航里程和充电桩的铺设密度以及数量。虽然续航里程越长越好，但是在电池技术尚未实现突破的过程中，让电动汽车跑得更远的问题，也是可以通过充电场站等基础设施建设来解决的。随着充电网络建设的日益完善，电动汽车的驾驶人可以通过智能终端知道自己的车还能跑多远，同时找到合适的充电站，解决"里程焦虑"的烦恼。如今，特别是一线城市以及周边的充电桩的数量已经迅猛增长，郊区游已经是电动汽车车主家常便饭的行为了。目前很多电动汽车的续航可以达到200公里~300公里，基本可以满足城市代步、郊游等低强度的使用需求。

4-11 电动汽车和燃油车哪个更省钱？

答：电动汽车作为汽车大家族中的一员，除电驱动系统和车载储能系统外，其他构造、功能与传统汽车基本一致，现行汽车安全相关的国家标准和行业标准也同样适用于电动汽车。经过实践验证，针对电动汽车的安全有以下结论：

电动汽车的消防安全性能不亚于内燃机汽车。电动汽车火灾发生概率明显低于内燃机汽车。各国电动汽车相关标准法规均对电动汽车整车、动力电车及其他部件的消防安全有明确的规定。主要电动汽车生产企业也从电池单体可靠性、整车布置、动力电池系统安全设计以及内饰材料阻燃性和生产工艺水平等全方位考虑，确保电动汽车产品具备在正常使用和一般事故中保护乘员免受火灾伤害的能力。

4-12 电动汽车动力电池的种类有哪些？能回收再利用吗？

答：作为电动汽车的能量来源，自电动汽车诞生以来，动力电池技术一直是影响电动汽车实用化进程的关键因素之一。提高功率密度、能量密度、使用寿命以及降低成本一直是电动汽车动力电池技术研发的核心。

动力电池经历了铅酸电池、镍镉电池、镍氢电池等多种类型的发展和探索之后，锂离子动力电池由于能量密度高、大功率充放电能力强、对环境无污染等优点，已逐渐成为电动汽车动力电池的首选。目前的锂离子动力电池是在二次锂电池技术的基础上发展起来的一种全新概念的蓄电池，它从原理上解决了二次锂电池安全性差和充放电寿命短两个技术难题。目前，国内外众多品牌的电动汽车都采用了锂离子电池。

目前动力电池的回收利用主要包含两方面：一是动力电池的梯次利用；二是废旧电池的资源回收再利用。

电动汽车对动力电池性能的要求较高，一般情况下当电池存储的能量仅为出厂状态的80%左右的时候，就不再适用于高性能电动汽车了。但是，这些电池还可以继续用于低速电动汽车使用，或者用于发电厂的储能电池，尤其是可以应用于风力发电、太阳能发电等新能源发电领域，还可以用于家庭或其他建筑的储能电池，这就是动力电池的梯次利用。当电池彻底不能再进行利用时，就要进入报废程序。废旧的动力电池中有色金属含量远高于原生矿工业品质，因此对废旧电池的资源回收具有十分重要的经济和社会意义。

4-13 太阳能电池可以用在电动汽车上吗？

答：利用清洁且可再生的太阳能发电取代传统燃油驱动汽车，是几代汽车设计者的梦想，并且出现过形形色色的试验性产品，但是目前还只是不断地接近这个梦想，距离实现尚需时日。因为当前技术水平下，太阳能光伏电池的发电功率约为180瓦/平方米，如果按照每天光照时间8小时计算，每平方米太阳能电池每天的发电量也仅为1440度。这里还没有计算太阳能电池板能获得最佳日照的方位角、倾斜角以及阴影的影响。因此，仅就目前的技术水平来说，太阳能发电还不能作为驱动电动汽车行驶的主要能量来源。

但是将太阳能作为汽车的辅助能源是可以实现的。比如利用车上安装的太阳能装置为车载用电器提供电能，或利用太阳能天窗控制系统自动调节停车时汽车内的温度。

4-14 低温对电动汽车电池的影响有哪些？

答：低温让电池充电难。低温环境对电池综合性能影响较大，特别是会严重影响电池的充电性能，并极大缩短电池寿命，号称电池杀手。2017年8月16日，低温环境纯电动汽车发展与应用论坛上专家提供的资料显示，在电流恒定的条件下，环境温度零下25摄氏度的充电时间，比25摄氏度的充电时间慢了63%，这还不包括充电前给电池加热的时间。目前的电池技术还不能避免低温对其造成的影响。

4-15 如何看待电动汽车的续航里程？

答：对于消费者来说，电动汽车在购买价格上有一定的优势，不仅享受国家和地方的双重补贴，而且还免征车船使用费和汽车购置税。

除购买价格实惠外，电动汽车在使用成本方面也有一定优势。由于国家对电动汽车充电执行峰谷分时电价政策，单纯计算一辆私家电动汽车百公里成本，将远远小于燃油动力汽车。以北京为例，若选择在家充电，目前，北京市220伏电压的居民用电价格每度不到0.5元，若电动汽车百公里耗电按20度左右计算，汽车百公里的行驶成本仅在10元左右，燃油车若按百公里消耗8升计算，成本大约在60多元，电动汽车的行驶成本可比使用燃油车油节省50元。若使用集中式充电设施充电，大工业电价非峰谷时段的平段电价不到0.7元，使用电动汽车百公里成本只需要14元，比使用燃油汽车百公里可以节省40多元，优势明显。

此外，与传统燃油汽车相比，电动汽车结构简单，运转传动部件相较对少，无需更换机油、油泵、消声装置等，也无需添加冷却水，因而电动汽车的维修保养费用有了一定幅度的降低。综上看来，纯电动汽车相对燃油汽车，的确存在一定优势，从购车到用车，一路都能享受优惠和实惠。

4-16 车载动力电池的应用潜力有多大？

答：2030年电动车保有量将达到1亿辆，车载动力电池的功率将超过10亿千瓦，相当于50个三峡电站；2040年电动车保有量将达到2亿辆，车载动力电池的功率将超过20亿千瓦，相当于100个三峡电站。若再考虑退役动力电池，2030年动力电池功率还将增加2亿千瓦。

4-17 电动汽车的发展潜力有多大？

答：汽车将从交通工具向智能终端迈进，未来的汽车一定是智能汽车，智能汽车一定是电动汽车。"电动车是未来能源系统的一个重要单元，充电桩是未来能源互联网的重要端口，是分布式新能源和电动汽车两个万亿级市场的连接点。"

电池是电动汽车的主要成本，而经过研究发现，汽车动力电池的价格变化与太阳能电池的变化规律基本一致。2007年~2017年太阳能电池成本下降了92%，据此测算，2020年~2023年汽车动力电池的价格将大幅下降，届时电动汽车发展将迎来拐点。

同时专家指出，推动电动汽车发展的四大"灰犀牛"——"油电平价"、分布式光伏发电平价上网、分布式储能商业化应用以及5G部署的完成，它们将助力电动汽车迎来快速发展的拐点，全面开启碾压燃油车的模式。

4-18 电动汽车是怎么变速的？

答：不同于燃油汽车在变速时复杂的挡位变化过程，电动汽车的变速有些类似于手机声音的大小，调节音量按钮，手机的声音就可以变大变小。在电动汽车上，驾驶人也是通过操控制动踏板和加速踏板来改变车速，实际上控制的是电能的大小。

驾驶人踩下加速踏板→传感器检测踏板的移动量→该值被传递到电控系统→电控系统向电机控制器发出指令→电机控制器计算电机的各项指标→控制电机工作。

轻轻踩下加速踏板时，电池的放电电流较小。用力踩下加速踏板时，电池的放电电流就会很大。减速时也是一样，所有的需求最终都以可控制的电能形式在汽车内部的部件间传递。

4-19 电动汽车有哪些充电方式？

答：目前最常见的电动汽车充电方式是用充电基础设施，如充电桩直接给车载电池充电。电动汽车充电基础设施与燃油车加油站的作用类似，可以是公共的，也可以是家用的，只要将电动汽车车载充电器的插头接到电源插座上即可。

电动汽车的充电模式主要有慢充和快充两种方式。有交流慢充和直流快充两个接口，交流慢充接口在车身左侧后方，直流快充接口在车头Logo处。慢充方式利用汽车上装载的充电机进行充电，充电时间较长；快充方式只能在专门的充电场所进行，充电时间较短。

常规充电桩多为慢充，这类充电站一般分布在居民区或工作场所附近。由于只需要将车载充电器插头插到停车场或其附近的电源插座上即可进行充电，因此对于普通用户而言，在家充电成为一种十分方便的方式。电动汽车慢充时间通常为5小时~8小时，一个晚上即可将动力电池充满。并且在家充电可选择晚上或用电低谷期，不仅对电网负荷起到削峰填谷的作用，而且按峰谷电价计费，对车主而言也是非常经济的。

快充方式一般采用专门的非车载直流充电机进行充电，这种充电机安装于固定的充电场站，与交流输入电源连接，直流输出端与需要充电的电动汽车充电接口相连接（快充口一般与慢充口分开），可以满足电动汽车大功率快速充电的要求。快速充电时使电池容量快速达到80%所需的时间为20分钟。这意味着每充电1分钟，就可使电动汽车的行驶里程增加8公里左右。

4-20 充电桩有哪几种类型？

答：充电桩是电动汽车充电装置，一端连接电网，一端连接电动汽车，具有充电、计费和安全防护等功能。充电桩按照充电方式分为交流充电桩、直流充电桩、非接触式充电等。交流充电桩可为电动汽车提供220伏交流电源，通过车载充电机为电动汽车电池充电，功率一般为7千瓦以内。直流充电桩是把交流电源变换为直流电源后，直接为电动汽车电池充电，功率为几十到几百千瓦不等。非接触式充电也称无线充电，工作原理主要电磁感应和磁共振两种。在无线充电过程中，地面线圈和装载在车辆的线圈产生电磁感应，以此来给电动汽车动力电池进行充电。无线充电技术仍处于试验阶段，目前可实现功率达10千瓦，充电距离400毫米。

4-21 充电桩常见故障中"交易记录满"的故障现象、常见原因和处理方法分别是什么？

答：故障现象：液晶屏显示"故障代码：5"。

常见原因：设备长期离线，数据未上传后台导致本地数据量积累过大超出设备闪存存储能力。

处理方法：检查设备无线信号是否正常，设备上线后将自动上传数据并删除已上传的数据。

4-22 充电桩常见故障中"交易记录存储失败"的故障现象、常见原因和处理方法分别是什么？

答：故障现象：液晶屏显示"故障代码：6"。

常见原因：设备闪存损坏。

处理方法：检查设备是否在线状态；重启TCU，检测闪存是否损坏，如有损坏请更换TCU。

4-23 充电桩常见故障中"蓄电池充电直流告警"的故障现象、常见原因和处理方法分别是什么？

答：故障现象：液晶屏显示"故障代码：13"。

常见原因：充电时电池的电流需求值大于充电桩的设定阈值，引发充电桩控制系统过流保护。

处理方法：检查电池状态是否正常，检查充电机模块是否正常。

4-24　充电桩常见故障中"急停按钮动作故障"的故障现象、常见原因和处理方法分别是什么？

答：故障现象：液晶屏显示"故障代码：16"。

常见原因：充电桩正常情况下被人为按下急停按钮，且按钮按下后一直没有恢复。

处理方法：恢复急停按钮，向右旋转急停按钮然后松开即可。

备注：部分充电桩恢复急停按钮后会出现其他故障代码，需检查塑壳断路器是否需要人为闭合。

4-25　充电桩常见故障中"过温故障"的故障现象、常见原因和处理方法分别是什么？

答：故障现象：液晶屏显示"故障代码：21"。

常见原因：①设置温度过低；②温度传感器故障；③散热风扇未启动。

处理方法：检查设置温度；检查温度传感器是否正常；检查散热风扇是否运转正常。

4-26　如何刷卡充电？

答：用户需要持国家电网统一发行的电动汽车充电卡到国家电网充电桩进行充电操作：①把充电枪正确插入电动汽车充电接口。②在桩上选择充电卡充电，设置所需的充电金额。③首先进行第一次刷卡，预扣充电金额，激活充电桩，启动充电。④结束充电进行第二次刷卡，确认充电完整性，完成扣款流程。

4-27　如何用二维码充电？

答：（1）把充电枪正确插入电动汽车充电接口。

（2）在确定插枪正确后，在桩上操作选择二维码充电，选择预充金额生成二维码。（充电桩需网络在线）

（3）e充电APP地图右上方点击"扫一扫"图标，进入扫描界面。

（4）对准充电设备上的二维码进行扫描，激活充电桩，锁定充电枪，开始充电。APP扫描成功，后台会同时返回6位验证码。

（5）在充满指定的金额后自动停止充电，输入扫码后返回的验证码并验证成功后，结束充电。

（6）若想提前结束充电，点击充电桩充电界面上的"停止按钮"输入扫码后返回的验证码并验证成功后，结束充电。

4-28 如何用 e 充电账号充电？

答：①把充电枪正确插入电动汽车充电接口。②在确定插枪正确后，在桩上操作选择e充电账号充电。（充电桩需网络在线）③在桩上选择预充金额，并输入e充电APP账号和6位支付密码，启动充电。④在充满后自动停止充电，输入交易密码并验证成功后，结束充电。⑤若想提前结束充电，点击充电桩充电界面上的"停止按钮"输入交易密码并验证成功后，结束充电。

4-29 为什么我的智能电卡会被锁定，怎么解锁？

答：为了避免用户的损失，在用户进行充电时会对用户的智能电卡卡内金额进行锁定，防止用户在两处交易导致扣费异常。充电结束后用户需要再次刷卡解除锁定。如果用户的智能电卡已经被锁定，用户需到附近营业厅网点进行解锁。

4-30 "车联网"是张什么网？

答：继互联网、物联网之后，车联网成为未来智能城市的另一个重要标志。车联网是指车与车、车与路、车与人、车与传感设备等交互，实现车辆与公众网络通信的动态移动通信系统。它可以通过车与车、车与人、车与路互联互通实现信息共享，收集车辆、道路和环境的信息，并在信息网络平台上对多源采集的信息进行加工、计算、共享和安全发布，根据不同的功能需求对车辆进行有效的引导与监管，以及提供专业的多媒体与移动互联网应用服务。

国家电网公司车联网平台是基于"物联网+充电服务""互联网+出行服务""大数据+增值服务"的O2O平台，为全国充电设施统一接入和运营管理提供支撑，在国家电网公司快充网络基础上开放接入第三方充电桩，形成全国充电一张网，为电动汽车用户提供畅行无忧的充电服务；通过研究探索分时租赁、共享出行等商业模式，参与、培育、引领电动汽车服务新业态；通过实时采集的电动汽车位置信息、充电数据、运行状态、用户行为等数据资源，深入挖掘数据价值，不断拓展增值服务。

2016年10月26日，国网电动汽车公司车联网3.0系统上线运行，成为全国最大的电动汽车车联网平台。该平台充分整合线下设施资源和线上系统资源，通过云部署构建，采用物联网、大数据、移动互联网等技术，提供资源监控、业务运营、充电服务、租赁服务和增值服务等功能，能在故障后15分钟内派发检修工单、检修人员45分钟到场、两小时内完成处理，充电网络可用率超过99%，为电动汽车用户提供最优质的充电服务。

4-31 车联网平台具有哪些功能？

答：国家电网公司车联网平台可实现资源监控、业务运营、充电服务、租赁服务和增值服务等5大功能。

资源监控：提供项目管理、充电设施及电动汽车终端接入、故障监测、运行监控、电话客服和运维检修等功能，保障设备可用率不低于99%。

业务运营：提供客户管理、收费管理、充电卡管理、资金管理、清分结算和运营分析等功能，提升充电设施运营效率。

充电服务：提供一键找桩、充电路径规划、充电告警、用户点评、社区互动等服务，有效解决用户找桩难、找桩慢、互动手段少和跨城际出行等问题。

租赁服务：提供会员管理、资产管理、车辆监控、专车租赁、分时租赁等服务，针对定制车辆开展专车租赁服务，针对政府公务车改革、居民日常出行提供分时租赁服务。

增值服务：为政府提供充电设施信息采集和信息发布、数据统计分析、设施规划、市场监管、财政补贴等支撑服务；为上下游企业提供代运营、代运维服务；为汽车企业提供充电信息服务和广告服务；为电动汽车用户提供保险、救援和生活娱乐服务。

4-32 个人客户在车联网平台交费后如何开具发票？

答：个人客户充值时不开具发票，实际充电后3个月内可申请开具增值税普通发票。实名充电卡客户可关联"e充电"电子账户后通过"e充电"网站申请开具发票，也可在营业网点申请开具发票；非实名制充电卡客户只能在营业网点申请开具发票；"e充电"电子账户可通过"e充电"网站申请开具发票。发票由国网电动汽车公司统一开具并免费邮寄。

4-33 什么情况会造成充电卡的灰锁，如何处理？

答：由于客户误操作、系统故障导致充电中断的，可能造成充电卡灰锁。充电卡灰锁记录满5条后，将暂时无法充电。客户可在任意充电桩和营业网点进行解灰。无法解灰的，客户可在7日后到营业网点强制解灰。

4-34 什么情况下可以换卡，换卡的步骤是什么？

答：实名充电卡因污损，残缺等影响使用，可到本省营业网点换卡。充电卡仍可读取的，如原有灰锁记录应先完成解灰操作；如原卡没有灰锁记录可立即办理换卡。充电卡不可读取的，换卡申请受理后，客户需在10日后携带与原卡相一致的有效证件到业务受理营业厅领卡，营业网点将清算后的原卡余额存入新卡。

4-35 "e充电"APP，用户如何注册？

答：用户注册流程：

（1）点击"我的"—"登录/注册"跳转至登录页面；

（2）在登录页面点击注册跳转至注册页面（若已有e充电账号在此页面登录即可）；

（3）在注册页面输入手机号、密码（8-20位）并点击获取验证码后输入短信验证码即可完成注册。

4-36 在使用"e充电"充电时，如果遇到电卡故障或APP故障，或者遇到充电桩离线现象，应该如何使用自助充电？

答：（1）如果客户有充电卡，有APP账号，充电桩在线，则客户可以从充电卡、扫二维码、账户三种方式中任选一种充电；

（2）如果客户有充电卡，充电桩离线，则客户可以采用支付卡方式

充电;

（3）如果客户无充电卡，有APP账号，充电桩在线，则客户可采用二维码或账号方式充电;

（4）如果客户无充电卡，有APP账号，充电桩离线，则提示客户使用其他设备充电。

4-37 高速充电卡和市区充电卡是否可以跨区域使用以及各省市充电卡的区别?

答：车联网充电卡可以在全国贴有国网标识的所有公共充电设施及高速充电设施充电，充电消费不存在地域区别。目前各省充电卡有各自独立号段，车联网平台系统不支持跨省开卡、换卡和销卡，其他充值、充电、解锁、挂失、补卡、查询等功能均不受限制。

4-38 高速服务区上的充电桩在使用电卡时会提示输入密码，但是部分电桩无"下一步"按钮，无法跳过此步骤，无法继续充电，如何处理？

答：遇到充电桩无"下一步"按钮，客户无法跳过此步骤继续充电时，请用户输入初始密码"123456"即可。

4-39 低压充换电设施用电业务办理流程是怎样的?

答：（1）用电申请、交费并签订合同;
（2）装表接电。

4-40 低压充换电设施用电业务办理需提供哪些申请材料?

答：①客户有效身份证明;②固定车位产权证明或产权单位许可证明;③物业出具同意使用充换电设施的证明材料。若您受用电人委托办理业务，还需提供您的有效身份证明。

4-41 高压充换电设施用电业务办理流程是怎样的?

答：①用电申请;②确定方案;③工程设计;④工程施工;⑤装表接电。

4-42　什么是分布式光伏发电？

答： 分布式光伏发电特指采用光伏组件，将太阳能直接转换成电能的分布式发电系统。它是一种新型的、具有广阔发展前景的发电和能源中和利用方式，它倡导就近并网、就近转换、就近使用的原则，不仅能够有效提高同等规模光伏电站的发电量，同时还有效解决了电力在升压及长途运输中的损耗问题。简单来说，分布式光伏发电就是在自己家的屋顶上铺设光伏电池板，再通过逆变器等光伏设备发出交流电并和公共电网接连，可实现电的自发自用，余电上网。装上分布式光伏系统后，白天我们可以用系统发出的电，多余的电卖给电网公司，到了晚上或者阴雨天发电功率无法满足家里电器负荷也不要紧，可以从电网取电。整个能源分配过程不需要人为干预。家里装了光伏发电系统后，会有两块电表。一块在光伏发电侧（单向计量表），用来计量光伏累计发电量；另一块则是平常的原用户表，但是跟普通的电表不同，换成双向计量表。

4-43　目前，分布式光伏发电的应用情况如何？

答： 分布式光伏发电不需要大面积土地，不必远距离送电，具有经济环保、降低损耗、系统独立、安全性高、土建和安装成本低等优点。

目前，我国已成为光伏生产大国，技术持续进步，产品价格不断降低，大规模推广光伏发电的条件已经成熟。利用太阳能发电，每度电成本已低于1元。近年来，为支持分布式光伏发电的发展，国家电网公司在2012年、2013年发布多项并网政策，支持、欢迎、服务分布式光伏发电发展，免费为分布式光伏发电项目提供并网服务，并全额收购项目的富余电量。国家电网公司的全力支持与服务，为国内光伏产业发展创造了条件。截至2014年年底，国家电网经营区分布式光伏累计并网6936户265万千瓦。

4-44　如何估算家庭分布式光伏发电系统的投资？

答： 估算安装家庭分布式光伏系统投资取决于安装容量和系统基础费两个主要条件。其中，光伏发电系统的硬件（光伏组件、汇流箱、并网逆变器、线缆、安装支架、计量表、监控设备）成本会随着市场供求关系的波动、光伏行业技术进步和效率提升而有所变化，并且是与安装容量大小有关的，一般是按系统的每瓦价格来计算。除了硬件购买之外，还要加上系统的基础施工、系统安装、调试与并网过程中产生的少量费用。系统安装容量越大，成本构成中的一些基础费用会被摊薄，使得单位投资成本有所降低。

4-45 如何维护个人光伏电站？

答：光伏发电系统运行稳定可靠，使用寿命可达25年以上。系统主要的维护工作是擦拭组件，雨水较大的地区一般不需要人工擦拭，非雨季大概一个月清洁一次。光伏组件上的房屋阴影、树叶甚至鸟粪的遮挡会出现"热斑效应"，损坏组件。为避免此情况，应该在安装前做好实地勘察，确保一年四季无遮挡；并在安装后及时做好的组件清理工作。

4-46 申请建个人光伏电站需办哪些手续？

答：居民申请建分布式光伏电站，需要携带房产证、户主身份证、银行卡复印件到供电营业厅办理，填写并网申请表格。有小区物业的客户除了以上资料外，还需要提供物业开工许可证明或者小区居民委员会开工许可证明。接入工程建设完工后，项目业主要携带竣工图纸、光伏设备质量认证材料、设备容量及型号等资料，到供电营业厅填写并网验收申请单，报竣工验收。

供电公司验收人员会尽快上门安装并网表计，与项目业主签订购售电、供用电和调度方面的合同，助力项目早日并入电网。

4-47 如何申请分布式光伏并网发电系统接入？

答：分布式光伏项目业主在取得市级或（区）县级能源主管本门出具的项目确认函和准备好相关资料后，向供电公司市级或（区）县级客户服务中心提出接入申请，客户服务中心协助业主填写接入申请表；接入申请受理后在供电公司承诺期限内，客户服务中心将通知项目业主确认接入方案；项目建成后业主向客户服务中心提出并网验收和调试申请，供电企业将完成电能计量装置安装、购售电合同及调度协议签订、并网验收及调试工作，之后项目即可并网发电。

4-48 办理分布式电源并网业务的流程是怎样的？

答：流程为：①并网申请；②接入系统方案确定；③设计文件审核；④工

程实施；⑤并网发电。

4-49 业主申请接入分布式电源时需提供哪些资料？

答：答：（1）居民客户（自然人业主）：本人身份证、户口本、房产证原件以及复印件等证件（农村的业主，由于各种原因没有房产证的，需提供土地证、宅基地证明，或者乡政府的土地租赁证明等）；如居民业主的项目占据的是小区公共空间，还需要提供申请人及其所在单元所有住户的书面签字证明（包括所有参与人的签名、电话、身份证号）以及所在小区物业、业主委员会同意的证明，并由其所在社区居委会盖章。

（2）企业客户（法人业主）：

1）法人代表身份证（或法人委托书）。

2）企业法人营业执照、税务登记证、组织机构代码证。

3）土地证。

4）房产证。

5）政府投资主管部门同意项目开展前期工作的批复（需核准项目）。需要说明的是在国家电网公司公布分布式并网申请流程中，有个"项目核准"程序。国家电网公司确认欲申请度电补贴需经过发改委的项目核准（即电站的可研申请），申请材料主要是项目设计方案和国家电网公司的进入系统方案。

6）项目前期工作的其他相关资料（主要是可研报告）。

4-50 分布式系统申请接入是否需要费用？

答：供电公司在并网申请受理、接入系统方案制定、接入系统工程审查、计量装置安装、合同和协议签署、并网验收和并网调试、政府补助计量和结算服务中，不收取任何服务费用。

4-51 太阳能发电分为哪几种类型，工作原理是什么？

答：太阳能发电分为太阳能光发电和太阳能热发电两类。

太阳能光发电是将太阳光能直接转变成电能，太阳能热发电是将太阳热能传递给介质，由介质热能转换为电能。

太阳能光发电分为光伏发电、光感应发电、光化学发电和光生物发电。光伏发电是利用太阳能电池，即光伏电池，将照射到太阳能电池上的光能直接转换为电能输出，光伏发电是目前太阳能光发电的主要形式。太阳能电池发电系统又称为光伏发电系统，它一般由太阳能电池方阵、防反充二极管、储能蓄电池、充电控制器、逆变器和测量设备组成。

太阳能热发电有热直接转换和间接转换两种类型。热直接转换是将太阳热能直接转化成电能，如半导体或金属材料的温差发电、热离子发电等。间接转换是将太阳热能聚集起来，通过热机（如汽轮机）带动发电机发电，与常规热力发电类似，只不过是其热能不是来自燃料，而是来自太阳能。

4-52 太阳能发电有哪些优缺点？

答：太阳能发电具有以下四个方面优点：一是普遍。太阳能是由太阳直接辐照到地球的能量，不需开采、运输，有阳光的地方就能利用。二是清洁。太阳能无毒、无污染、无噪声。三是长久。晴天就有，取之不尽，用之不竭。四是巨大。地球每秒钟照射到地球上的能量相当于500万吨煤燃烧的能量。利用太阳能每发1度电，就相应节约了0.36千克标准煤，同时减少污染排放0.272千克碳粉尘、0.60千克二氧化碳、0.03千克二氧化硫、0.015千克氮氧化物。

不过，太阳能发电也有强度较弱、不稳定、需要储能、一次性投资较大等缺点。

4-53 户外用太阳能光伏照明岂不更节能？

答：答案是肯定的。将太阳能经太阳能电池转化为电能再用于照明，称为太阳能光伏照明。太阳能光伏照明有独立式太阳能照明装置和太阳能光伏照明系统。

独立式太阳能照明装置如太阳能路灯、太阳能庭院灯等，将太阳能光伏电池、照明光源与灯具、灯杆和蓄电池组合成一体，独立运行。白天，太阳能光伏电池将光转化为电能，用蓄电池蓄能；夜间或阴雨天，再由蓄电池提供照明。目前，独立式太阳能照明装置已经得到了广泛的应用，在公园、城市广场、农村乡镇常可以见到这种灯。

太阳能光伏照明系统是将太阳能光伏电池安装在建筑物上或室外，白天太阳能光伏电池将光转化为电能，或用蓄电池蓄能，夜间或阴雨天再由蓄电池为建筑物室内及室外提供照明。

4-54 公共场所节能节电的主要措施有哪些?

答:目前,公共场所节能的主要措施有以下几类:

(1)采用节能照明技术。通过科学的照明设计,采用高效、节能、环保的照明产品,如LED灯,达到保护环境、节约能源、促进健康的目的。

(2)采用建筑节能技术。对高耗能建筑进行节能改造,对采用空调采暖、制冷的建筑实行室内温度控制,采用新型墙体材料等节能设备,安装使用太阳能热水系统、地源热泵、空气源热泵等可再生能源利用系统。

(3)合理采用空调设备。采用自动化智能空调控制系统。定期清洗散热系统,采用电网移峰填谷手段进行蓄冷制热。

4-55 什么是光伏高速公路?

答:光伏高速公路采用了"承载式光伏路面技术",将符合车辆通行条件的光伏发电组件敷设在道路上。摩擦系数高于传统沥青路面,在保证轮胎不打滑的同时,还拥有较高的透光率,可使阳光较好地穿透,并通过地下的太阳能电池将光能转换成电能,实时输送上网,就好像一个巨大的充电宝。路面总厚度不超过3厘米,却分为3层。第一层是与车辆接触的坚固保护层,是一种特殊的"透明混凝土",具有强度高和透光率超过90%的特点;第二层是发电层,敷设有光伏发电组件,将收集到的太阳能转化为电能,从而实现太阳能发电;第三层是底层绝缘层,可使发电组件与土壤湿气隔绝。

4-56 什么是生物质能发电?

答:生物质能发电主要是以农业、林业和工业废弃物,以及城市垃圾为原料,采取直接燃烧或气化的发电方式。生物质能发电包括农林废弃物(秸秆)直接燃烧发电、农林废弃物气化发电、垃圾焚烧发电、垃圾填埋气体发电、沼气发电等。

生物质能发电是可再生能源发电的一种。可再生能源是指可以不断得到补充或能在较短周期内再产生的能源,如风能、水能、海洋能、太阳能、地热能和生物质能等。

2016年12月5日,国家能源局印发了《生物质能发展"十三五"规划》,对我国生物质能可再生能源发展作出具体规划,提出到2020年,生物质能基本实现商业化和规模化利用，生物质能产业新增投资约1960亿元。我国是一个农业大国，生物质资源十分丰富，农作物秸秆、农业加工剩余物、林业木质剩余物资源量超过7.5亿吨可作能源使用，生物质能发电的开发利用潜力十分巨大。

4-57 什么是智能变电站？

答：智能变电站主要包括智能高压设备和智能二次系统两部分。智能高压设备主要指电子式互感器，包括纯光纤互感器、磁光玻璃互感器等，可有效克服传统电磁式互感器的缺点。二次系统采用先进、可靠、集成、低碳、环保的智能设备，以全站信息数字化、通信平台网络化、信息共享标准化为基本要求，自动完成信息采集、测量、控制、保护、计量和监测等基本功能，并可根据需要支持电网实时自动控制、智能调节、在线分析决策、协同互动等高级功能，实现与相邻变电站、电网调度等互动。

4-58 风电并入电网，对电网有何影响？

答：风是一种自然现象，风速与风向会随机不断变化，以致造成风电的频率、电压不稳定。而风电场大都采用了并网发电的模式，也就是将风电并入一个电网。如果一个电网中的风电比重过大，会使我们家庭使用的电压不稳定，以致灯泡一会儿亮，一会儿暗，或导致一些电器无法正常工作，严重时会导致整个电网瘫痪。

4-59 为什么要实施电能替代？

答：（1）提高能源效率。电能是清洁、高效、便捷的二次能源，终端利用效率高，使用过程清洁、零排放。随着清洁能源发电比例的提高，清洁能源发电将逐步取代化石能源发电，大部分一次能源将转化为二次能源使用，大幅降低能源转化损失，电能清洁高效的特点将会进一步凸显。

（2）促进清洁发展。清洁能源大多需要转化为电能的形式才能够高效利用，实施电能替代是清洁能源发展的必然要求，是实施清洁替代的必然结果，也是构建以电为中心新型能源体系的需要。随着新一轮能源技术革命的推进，清洁能源将得到更大规模利用，更多的一次能源将转化为电能，输送到负荷中心，为电动交通、电锅炉、电采暖、电炊具的大规模应用提供充足的清洁电力供应，有效地替代石油、煤炭等化石能源消费。

（3）提高电气化水平。电气化是现代社会的重要标志。实施电能替代是提升电气化水平的重要内容。

4-60 什么是"掌上电力"APP？

答："掌上电力"APP是国家电网公司推出的唯一官方手机客户端，主要提供居民用电相关服务，可实现客户7×24小时用电查询、交费购电、信息订阅、在线客服、网点导航、停电公告、知识查阅等服务功能。通过"掌上电力"APP可实现家庭用电数据集中管理，一个注册客户可绑定访问多套住房的用电情况，经注册客户授权后也支持家中多个家庭成员或租户共同访问家中用电数据，支持代交电费及异地交电费；也可点击"热线直拨"，直接连通95598人工客服热线，让客户体验真正意义上的多元化不间断的贴心服务。此外，该平台还倡导绿色用电、节约用电，"知识查询"等惠民板块可帮助客户了解用电常识，选择合理的用电方式，有效降低费用支出。

4-61 通过哪些渠道可以下载安装"掌上电力"APP？

答："掌上电力"APP目前支持IOS、Android两种主流手机操作系统。IOS版手机客户可通过App Store下载使用，Android版手机客户可通过91手机助手、豌豆荚、360手机助手、应用汇、应用宝、小米应用商店、百度手机助手、安卓市场等应用商店下载使用。

4-62 "掌上电力"APP企业版共分为几个功能模块？在服务界面下，又有哪几项主要服务项目？

答：主要分为：首页、用电、服务、我的等四个功能模块。

"服务"界面下包括：网点查询、停电公告、用电申请、业务记录、业务办理指南、资费标准、用电知识、帮助与反馈8项功能。

4-63 "掌上电力"APP有哪些基本功能和特色服务？

答："掌上电力"APP可为客户提供用电查询、交费购电、网点导航、信息订阅、停电公告、在线客服、知识查阅等基础的用电服务。

除了这些基本功能，"掌上电力"APP还有一些特色服务，如手机客户端支持一个注册用户绑定5个家庭用户编号的用户开通服务功能。通过该功能，用户可绑定其父母或直系亲属的用户编号，实现家庭用电数据的集中管理。

此外，"掌上电力"还支持代他人及异地交费。客户输入要代为交费的用电客户编号、要交纳的金额即可为其他人代为交费。同时，客户通过手机客户端还可以实现跨省交费功能，仅需切换到相应地区，注册为当地手机客户端用户即可实现交费。

4-64 "掌上电力"APP 官方版中，哪些功能必须是登录或绑定后才可以使用的？

答：支付购电、办电申请、电量电费、购电记录、电费余额、日用电量、我要报修、我要咨询、我有话说、投诉举报。

4-65 如何用"掌上电力"APP 查询电量电费信息和电费余额？

答：打开"掌上电力"APP，点击"我的用电"菜单中的"用电查询"子菜单中的"电量电费"功能，您可以查看近三年的年度总电量电费、月度电量电费。阶梯电价用电客户还可以查看您用电所处的阶梯档。点击"用电查询"子菜单中的"电费余额"功能，后付费客户可查询账户余额情况，预付费智能表客户可查询最近日期零点采集的电能表内余额。

4-66 使用"掌上电力"APP 用户名登录，提示不存在怎么办？

答：建议客户使用注册手机号登录。密码如果忘记，可通过"找回密码"功能找回密码。

4-67 "掌上电力"APP 官方版支持用户通过哪些渠道进行支付？用户可以通过哪些方式完成支付购电操作？

答：主要为用户提供便捷的交费服务，支持预付费和后付费客户线上交费及电e宝、银联、支付宝等多种支付方式。进入"支付购电"页面的方式有3种：

方式一，通过"首页"中"购电"快捷入口进入；

方式二，通过"电费余额"页面中的"支付购电"按钮进入；

方式三，通过"用电"中的【支付购电】功能进入。

4-68 某用户想要使用"掌上电力"APP 官方版进行业务申请，但是用户不知道他的用电户号，他可以通过什么途径获取户号？

答：（1）从各类单据获取。如电力营业厅购电发票、客户用电登记表等；

（2）拨打95598热线咨询；

（3）到电力营业厅咨询。

4-69 "掌上电力"APP 如何解除客户编号与注册账户的绑定关系？

答：客户编号可通过如下三种途径解绑：

（1）客户通过掌上电力APP"我的"菜单中【户号绑定】功能删除已绑定户号后，自行解绑；

（2）通过拨打95598热线电话由统一账户平台解绑；

（3）通过各省公司客服中心及营业厅进行解绑。

4-70 "掌上电力"APP 交电费有哪些优势？

答：使用银行卡代扣交电费，虽然是把钱存到卡里，每月代扣看起来很省心，可一旦电费超支了，又要去银行排队存钱，比较麻烦。支付宝付费可以在线支付电费，但是要从银行卡转账到支付宝。而且不知道什么时候欠费了，功能仅限于付费。而"掌上电力"APP交费比支付宝更简单，还可以随时随地查询用电量和交纳电费信息，甚至还有阶梯电量的使用情况，一目了然，并可及时收到电费余额预警，还支持代他人及异地交费。此外，"掌上电力"APP还有在线客服、网点导航、停电公告、知识查阅等服务功能，功能比较全面。

4-71 "电e宝"的基本功能包括哪些？

答："电e宝"的基本功能包括银行卡绑定、充值、提现、转账、账单、设置、二维码扫描、付款码。

4-72　"电 e 宝"具备哪 4 项特色功能？

答："电 e 宝"具备生活缴费、国网商城、电费小红包、掌上电力4项特色功能。

4-73　用户在"电 e 宝"APP 进行充值缴费的步骤是什么？

答：（1）进入生活缴费，选择缴费类型；

（2）选择缴费地区，填写客户编号；

（3）选择支付方式；

（4）输入支付密码并确定。

4-74　用户在使用"电 e 宝"APP 时发现短信验证码收不到，这可能是什么原因导致的？

答：（1）在绑卡过程中请核对绑定银行卡的银行预留手机号码、姓名与注册"电 e 宝"的注册手机号码、姓名是否一致；

（2）可能是手机默认将平台短信加入黑名单，请客户从短信黑名单中还原至正常状态；

（3）可能是短信平台系统问题。

4-75　"电 e 宝"APP 中电费小红包的获取方式和使用规则是怎样的？

答：用户可通过购买、预存电费、注册新用户及抽奖等活动获取。

小红包可赠送给微信朋友及通讯录朋友，支持交纳电费，但不可提现。缴纳电费时最多可以使用10个电费小红包，且总金额上限为200元。

4-76　用户咨询电力营销人员，在使用"电 e 宝"APP 的过程中，她的电费小红包使用后未成功，随后消失了，应该如何处理？

答：由于红包全额支付电费操作导致消失的会在30分钟内会自动退回您的卡包中，由于红包和银行卡混合支付操作导致消失的会同银行卡退款时间一致退回到卡包中，由于转赠操作导致消失的小红包会在2小时后自动退回客户的卡包中。

4-77 用户使用"电e宝"APP时，如果出现银行卡盗刷问题，如何解决？

答：如果客户银行卡被盗刷，银行方确认是"电e宝"渠道的原因，需要客户联系"电e宝"客服确认盗刷行为是否被风控拦截，如未被拦截，则无法追回款项，如已被拦截，需客户提供身份认证、银行卡信息等材料核实并返还给客户。

4-78 用户使用"电e宝"APP时提示快捷支付失败，应该怎么处理？

答：请用户核实是否已扣款，若已扣款，需提供快捷支付失败报错的提示信息、账户名、交易流水号、开户行、卡号的后四位（储蓄卡或信用卡），反馈至相关部门处理；若无扣款，重新下单支付。

4-79 在"电e宝"APP中进行交易时，交易限额是多少？

答：绑卡之31天内的新用户，一般地区单日/单月100笔，单月1000元（对于开展电费业务推广的省公司风控规则可适当上调）；如您是老用户，每月缴纳电费的笔数按照单日50笔、单月累计50笔进行控制，交费金额按照不同级别认证客户的余额支付、快捷支付限额进行控制：余额支付未认证每笔限额1000元，单日限额1000元，单月限额2000元；银行卡认证每笔限额2500元，单日限额5000元，单月限额10000元；身份证认证每笔限额5000元，单日限额10000元，单月限额20000元，快捷支付银行卡认证每笔限额5000元，单日限额10000元，单月限额20000元；身份证认证每笔限额10000元，单日限额10000元，单月限额50000元。

4-80 在"电e宝"网站进行交易记录查询时，可以看到哪些信息？

答：消费记录、充值记录、提现记录、转账记录、退款记录。

4-81 在95598智能互动网站查询停电公告的方法？

答：用户点击停电公告标题，查看停电公告详细信息，选择所属区域，停电开始结束日期，搜索停电范围，点击查询。

4-82 95598 服务网站注册个人与家庭账户时必须输入的资料有哪些?

答:网站账号,设置密码,确认密码,所属地区,联系人,验证码。

4-83 在 95598 网站上进行故障报修、业务咨询、投诉、举报、表扬、建议、意见申请登记后,分别会在何时给用户答复?

答:咨询转出工单5个工作日答复客户;投诉工单1个工作日内联系客户,7个工作日内答复客户;举报、意见、建议工单10个工作日答复客户;报修工单接收回单后24小时内完成工单回复;表扬工单无具体答复时限。

第五部分 安全用电常识 》

5-1 什么是触电？触电会给人带来哪些伤害？

答：触电指人体（动物）接近、接触带电体，与带电体之间产生闪击或持续性放电电流。人体是导体，当人体上加有电压时，就会有电流通过人体。当通过人体的电流很小时，人没有感知；当通过人体的电流稍大，人就会有"麻"的感觉，当这电流达到8毫安~10毫安时，人就很难摆脱电压，形成危险的触电事故。

触电伤害分为电击和电伤。电击指电流通过人体（动物）内部，破坏内部组织功能，造成人体（动物）休克、昏迷乃至死亡；电伤指电流对人体（动物）外部的伤害，如电弧灼伤等。通常所说的触电基本上指电击，而且绝大部分触电伤害事故都是由电击直接造成的。触电电压越高越危险，持续时间越长越危险。

5-2 人体发生触电有哪几种形式？

答：按照人体触及带电体的方式和电流流过人体的途径，人体触电可分为以下几种情况：

（1）单相触电。人体接触三相电网中带电体中的某一相时，电流通过人体流入大地，这种触电方式称为单相触电。大部分触电事故都是单相触电事故。

（2）两相触电。当人体同时接触带电设备或线路中的两相导体时，电流从一相导体流经人体流入另一相导体，构成闭合回路，这种触电方式称为两相触电。在各类触电事故中，两相触电的危险性最大。

（3）间接触电。间接触电是由于电气设备绝缘损坏发生接地故障，设备金属外壳及接地点周围出现对地电压引起的。间接触电包括跨步电压触电和接触电压触电。

5-3 人发生触电后，如何进行急救？

答：人体一旦发生触电后，首先应迅速切断电源。在未切断电源前，不要用手去触摸触电的人或电线，要用木棍等绝缘物品挑开或切断触电者身上的电线、灯、插座等带电物品。当触电者脱离电源后，应尽量将其移至通风干燥处仰卧，松开衣领和裤带让其呼吸道顺畅，并立即呼叫120急救服务。在医生未到达现场前，应采取措施进行现场急救。对神智清醒，呼吸、心跳均自主的触电者，应让其就地平躺，严密观察，暂时不要让其站立走动，防止休克。如果触电者呼吸、心跳停止，应立即就地抢救。一般可根据情况采用口对口的人工呼吸法或心脏胸外挤压法进行急救。人触电后会出现呼吸中断、心脏骤停、昏迷等症状，此时如现场抢救及时、方法得当，触电者是可以获救的。有统计资料指出，触电后1分钟开始救治者，90%有良好效果；触电后12分钟开始救治者，获救的可能性就很小。所以说及时抢救至关重要。

5-4 为了防止触电，应注意些什么？

答：为了避免在日常生活中发生意外触电事故，下面介绍一些防触电的小常识：不可在开关通电的情况下调换电灯或修理家电；不可使用湿布擦拭插座或容易引发触电的电器；不可直接用水扑救电气火灾；不得把钥匙、铁丝、铅笔等物体插到插座上；不要靠近断落的高压线路；不要在电力线路下放风筝；不要在电力线路下钓鱼；不要在电力线路上挂晒衣物；不要靠近和攀爬高压电力设施；不可使用外壳破损的开关；不得将电线直接从门缝、窗缝穿过；不可使用绝缘层已经老化的电线。

5-5 如何防止低龄儿童发生触电事故？

答：低龄儿童易发生触电事故主要包括：

（1）日常照明用的电灯开关或灯头损坏或插座插头破损，幼儿用手去触摸。

（2）各种原因造成的电线拉断坠落，幼儿接触断端或绝缘层破损部位或进入跨步电压区域。

（3）工业或农业临时用电，有时未安装保险，或电线接头未缠绝缘胶布，或电闸箱未上锁，幼儿不知其危害，靠近电源触电。

家长要教育孩子懂得电对人体的危害，不要用手去接触插头、灯头，不要把充电器等与电有关的物品当作玩具，不要到变压器、配电设施附近玩耍，不能用湿手触摸电线、插头等用电设备，不要攀爬高低压电杆和晃动拉线，不要攀登户外变压器台墩（架）。同时，家长更要考虑到低龄儿童自保意识弱、能力低的特点，从硬件设施上着手，如避免使用落地电器，将可以导电的物品放到儿童不易够取的地方，尽量选择带有多重开关并带保险装置的插座等。

5-6　如何正确选购电气保护设备？

答：目前，居民客户家庭小型断路器和漏电断路器已经广泛应用，客户在选购过程中应注意"五个查看"。

一是查看产品安全认证，即查看有无中国电工产品认证委员会安全认证标识（长城标识）。

二是查看铭牌，正规厂家产品的铭牌内容齐全，印刷清晰。

三是查看漏电动作分断时间等标识。

四是查看开关手柄。在选购时，应仔细听开关手柄分开时的声音是否清脆，分开时应灵活、无卡死、滑扣等现象。

五是仔细查看开关的接线端子和开关外形，颜色是否均匀，文字符号是否清晰，外形是否美观，盖子是否存在错位情况。

5-7　不安装漏电保护器的危害是什么？

答：首先，生活中因不安装漏电保护器而导致的人身伤亡和财产损失事故比比皆是；其次，不安装漏电保护器，家庭电路和用电设备因破损、老化、受潮等导致的单相接地就不能及时排除，由于接地电流长时间持续不断地流进大地，将导致农户的电费损失。

5-8　为什么要安装漏电保护器？安装时需要注意什么？

答：漏电保护器俗称"漏保"，安装于低压电路中。当发生漏电和触电事故且电流达到一定的数值时，保护器会在限定的时间内自动断开电源，防止漏电危害安全。

为了安全起见，每户居民家都应安装"漏保"。在安装过程中，应注意以下几方面问题：一是应购买国家认证的正规产品；二是请有资质的电工安装；三是安装完毕后，应试跳检查三次，动作要正确；四是家用漏电保护器应每月进行试跳，检查是否正常；五是当漏电保护器跳闸后，可试送一次，如试送不成，应及时排查故障原因；六是遇到漏电保护器频繁跳电时，必须请有资质的电工帮助查清问题。

5-9 农村哪些场所必装漏电保护器？

答：农村大棚种植或农田灌溉用电力设备、温室养殖与育苗、水产品加工等农业生产用电场所应安装漏电保护器；抗旱排涝用的潜水泵、家庭水井用的三相或单相潜水泵、脱粒打麦机等临时用电设备，必须安装漏电保护器；建屋盖房等施工工地用的电气机械设备必须安装漏电保护器，且其外露可导电部分应可靠接地。

5-10 农户家中电力线路常见故障有哪些？农村家庭安装漏电保护器有哪些要点？

答：农户家中电力线路常见故障为短路、漏电、过载和断路。相线和中性线之间直接连接将造成短路；家用电器由于绝缘老化易引发漏电；农户家庭同时使用家用电器过多、电器总功率过大易造成过载；电线断开、线头脱落、连接处接触不良会造成断路。这些隐患可能会造成人身触电伤亡事故，只有安装和使用漏电保护器，才能保证人身安全不受伤害。

农村居民选购漏电保护器应购买通过3C认证且质量合格的家庭漏电保护器，建议购买质量信誉好且有保险公司质量承保的产品，购买时应索要并保存相关票据。安装漏电保护器时必须停电，严禁带电安装。需请有专业资质的电工安装。

5-11 如何维护家用漏电保护器？

答：城乡居民客户配电箱中基本都安装了漏电保护器。主要是对室内线路和家用电器进行漏电保护。漏电保护器的安装场所应通风、干燥，有预防雨淋、灰尘和有害气体侵蚀的措施。尽量远离其他铁磁体和电流很大的载流导体，避免磁场干扰。

一些居民自从安装保护器后，从来未对其进行维护，存在一定风险。居民可采取简单易行的方法进行检验，按下试验按钮，如保护器能正常断开，说明性能正常。

国家有关标准规定，家用漏电保护器的有效使用年限以出厂日期为准，电子式为6年，电磁式为8年。达到使用年限后，应注意及时更换老化的器具，以确保安全。

5-12 家用漏电保护器跳闸原因是什么？

答：保护器本身有问题。当保护器跳闸时，首先要考虑保护器本身是否存在问题。可先将保护器出线拆下试送电，若试送不上，则说明保护器本身有问题，另换一只保护器或检修好该保护器，问题一般可以解决。

雷电感应过电压跳闸。这种现象大多发生在雷雨天气，当直击雷对低压线路放电时，由于瞬间感应电压很高，会造成保护器过电压跳闸。遇到这种情况，要先对所有用电设备进行检查，在未发现问题的情况下，只要合上保护器开关，就能顺利恢复供电。

漏电保护器跳闸的原因有：

（1）进线电源过电压跳闸。低压电网一般多采用三相四线制供电，当中性线发生断路时，由于居民用户共用一根中性线，相线则是从三相电源接入的，当三相负荷不平衡时，中性点就会发生偏移，用户电源进线电压可能由原来的220伏升至380伏，从而导致保护器跳闸。处理这类故障时一定要慎重，可先用验电笔检查两根电源进线是否带电，如果都带电的话，应用万用表测量进线电压，当电压达到300伏左右时，则可能属于中性线断路，这时一定要处理好故障后再合开关送电，否则，有可能因为电源电压过高而烧坏电器设备，甚至引起火灾事故。

（2）欠压跳闸。如果保护器在安装时接线螺丝未拧紧，时间一长，往往会导致接线处氧化、发热，甚至容易使电线绝缘层被烧焦，并伴有打火现象，可以闻到橡胶、塑料燃烧的气味，造成欠压使保护器跳闸。遇到这种情况，只要重新紧固接线柱螺丝就可以恢复正常用电。

（3）过负荷跳闸。家用保护器的额定电流一般为5~10安培或10~20安培，随着居民家用电器的增多，许多家庭的负荷电流已远远超过保护器的额定电流，造成保护器过负荷跳闸。这种情况大多发生在空调器、家用小型粉碎机、电暖气等大功率电器使用不久后，一般只要将大功率电器单独分路供电或更换一只额定电流与负荷电流相匹配的保护器，问题便可迎刃而解。

（4）短路跳闸。当室内线路或设备发生短路时，保护器就会跳闸。遇到这种情况，首先要检查室内隔离开关熔丝是否熔断，若熔断则要对室内线路及设备进行详细检查，待排除故障后，方可恢复送电。切勿在未排除故障的情况下，使用导线代替熔丝强行送电，以免引起火灾事故。排查此类故障可采用分段切除法。先将隔离开关更换合格的熔丝，将所有用电设备的开关断开后试送电。如试送电成功，则说明故障点在已切除的电器设备上，然后逐一试送找到短路的电器设备；如试送电不成功，说明故障点在室内线路上，按照"先主路、后分路"的原则进行试送排查。

（5）漏电跳闸。当室内线路或用电设备发生接地漏电时，保护器就会跳闸。如果是家用电器漏电，只要把所有用电设备的插头或开关断开，便可恢复供电。如果在断开所有家用电器设备的电源后仍不能恢复送电，则说明是线路漏电。排查线路漏电的方法同样可以按照"先主路、后分路"的原则进行检查。

5-13 有哪些简便排查漏电保护器跳闸的方法？

答：1.试送投运法

（1）查找剩余电流动作保护器自身故障。具体操作方法是：先切断电源，再将剩余电流动作保护器的零序互感器负荷侧引线全部拆除（二级、三级剩余电流动作保护器直接将出线拆除），再合保护器。若保护器仍然无法投运，则说明保护器自身故障，应予以修理或更换。若能正常运行，则说明保护器本身无故障。

（2）检查配电盘或者线路。检查配电盘或者线路的操作方法是：先将各路出线或交流接触器负荷切断，若不能运行则说明配电盘上有故障，应检查各路电气、仪表等设备是否绝缘良好，接线是否正确；若能正常运行则说明配电盘上无故障。当确认故障发生在外线路上时，可采用分线查找法查找故障点。

2.直观巡查法

针对故障现象进行分析判断，对保护区域包括剩余电流动作保护器和被保护的线路设备等进行直观巡视，从而找出故障点。巡视时应着重对线路的转角、分支、交叉跨越等复杂地段和故障易发点进行检查。这种方法简便易行，适用于对明显故障点的查找。如导线断线落地、拉线与导线接触及错误接线等。

3. 数值比较法

数值比较法就是借助仪器仪表对线路或设备进行测量，并把所测的数值与原数值进行比较，从而查出故障点。需要特别指出的是：若线路中性线绝缘下降或设备中性线重复接地，容易引起总保护频繁跳闸，而二级保护器不跳闸。在解决二级保护器跳闸时，不应采取将相线与中性线对调的方法投运二级保护，将设备重复接地线拆除即可。

4. 分线排除法

排查线路故障点时，可以按照"先主干、再分支、后末端"的顺序，断开低压电网的各条分支线路，仅对主干线进行试送电，若主干线无故障，那么主干线便能正常运行。然后，再依次将分支和末端投入运行。哪条线路投入运行时保护器跳闸，故障点就在哪条线路上，就可在此线路上集中查找故障点。

5-14 安装漏电保护器就不会触电吗？

答：漏电保护器是一种在规定条件下，当漏电电流达到或超过规定值时，能自动断开电路的机械开关或组合器。推广使用漏电保护器是确保人身安全，有效防止由漏电引起的电气火灾和电气设备损坏事故的技术措施。

安装漏电保护器既能起到保护人身安全的作用，还能监督低压系统或设备的对地绝缘状况。但客户千万不要以为安装了漏电保护器，家庭用电就万无一失了。因为漏电保护器只有在人体发生单相触电时才能起到保护作用。如果人体在对地绝缘状态下触到了两根相线或一根相线与一根零线，保护器不会动作，即此时起不到保护作用，仍可能造成人身伤害事故。同时，应按照漏电保护器说明书注明的测试周期定期试跳，提高家庭安全用电系数。

5-15 损坏电杆拉线、向电线扔杂物会导致触电吗？

答：供电线路中的电杆拉线，是为了稳固电杆和平衡电线拉力而架设的。如果人为晃动，会使电杆和导线产生振动，导致拉线松弛或电杆失去平衡，容易发生电杆歪斜或倒杆事故。同时，导线振动，还有可能造成短路故障，如果拉线与导线同时振动，也会导致拉线与电力线路碰触，造成接地故障，致使晃动拉线的人触电，造成意外伤害。

向电力设施扔杂物，也会对电力线路安全运行造成隐患。如果有导体被扔到电力线路上，会造成电线短路而跳闸，引发大面积停电。这些行为不仅非常危险，更是严重的违法行为。

5-16 有人在电线杆上触电了怎么办？

答：如果是低压架空带电线路，能立即切断电源的应迅速切断电源，或由救护人员迅速登杆将触电者拉离电源。注意，救护人员一定要系好自己的安全皮带，用带绝缘胶柄的钢丝钳、干燥不导电物体或绝缘物体将触电者拉离电源。

如果是高压架空带电线路，而又不可能迅速切断电源的，可采用抛挂足够截面的适当长度的金属短路线方法，使电源开关（断路器）跳闸。在抛挂前，将短路线一端固定在铁塔或接地引下线上，另一端系上重物。但在抛掷短路线时，应注意防止电弧伤人或断线危及人身安全。

将伤员由杆上营救到地面的方法有单人营救法和双人营救法。

单人营救法：

首先在杆上安装绳索，将5分粗的绳子的一端固定在杆上。固定时绳子要绕2~3圈，绳子的另一端系在触电者的腋下。绑的方法是先用柔软的物品垫在腋下，然后用绳子环绕一圈，打三个靠结，绳头塞进触电者腋旁的圈内并压紧，绳子的长度应为杆的1.2~1.5倍。最后将触电者的脚扣和安全带松开，再解开固定在电杆上的绳子，缓缓地将触电者放下。

双人营救法：

双人营救法基本上与单人营救方法相同，只是绳子的另一端由杆下人员握住缓缓下放，此时绳子要长一些，应为杆高的2.2~2.5倍。营救人员要协调一致，防止杆上人员突然松手，杆下人员没有准备而发生意外。

在触电者脱离电源之后，要注意防止触电者发生高处坠落，或再次触及其他有电线路。救护人员在将伤员由高处送至地面前，应口对口（鼻）吹气4次。

急救口诀：

杆上触电防坠落，营救措施要完善。就近断电有困难，人为短路也可干。

单人营救多细心，双人营救配合干。

5-17 使触电者摆脱电源的处理办法有哪些？

答： 当电流通过人体时，被通过电的肌肉就会收缩，产生痉挛。如果触电人恰好是手抓导线，则由于肌肉收缩，导线将被手紧紧握住。此时人已失去控制这部分肌肉的能力，因此也就无法将导线摆脱或放开。

此时，最简单的方法首先是断电，或是让触电者脱离地面，使之与地绝缘。这样触电者的手便会松开，从而与导线脱离。具体做法是：

（1）如果电源开关或插座在触电地点附近，应立即拉开开关或拔出插头。需要注意的是，拉线开关或手动开关只能控制一根导线，有时可能因接线有误切断零线而没有真正断开电源。

（2）如果触电地点远离电源开关，可使用绝缘电工钳或有干燥木柄的利器（斧子）等工具切断导线。切记，不可以同时切断两根导线。

（3）如果导线搭落在触电者身上或者触电人的身体压住导线，可用干燥的衣服、手套、绳索、木板等绝缘物作工具，拉开触电者或移开导线。

（4）如果触电者的衣服是干燥的，又没有紧缠在身上，则可拉他的衣服后襟使之脱离带电部分；不得直接拉触电者的脚和躯体以及接触其周围的金属物品。

（5）如果救护人员手中握有绝缘良好的长柄工具，可用其拉着触电者的双脚将其脱离带电部分，或挑开电线。

（6）如果触电者躺在地上，可用绝缘木板等绝缘物插入触电者身子下面，使人体与大地隔离。

5-18 户外避雷七大铁律是什么？

答： （1）雷雨天不要停留在高楼平台上，在户外空旷处不宜进入孤立的棚屋、岗亭等。

（2）远离建筑物外露的水管、煤气管等金属物体及电力设备。

（3）如果在雷电交加时，头、颈、手有蚂蚁爬走感，头发竖起，说明将发生雷击，应赶紧趴在地上，这样可以减少遭雷击的危险，并拿下身上佩戴的金属饰品、发卡、项链等。

（4）如果在户外遭遇雷雨，来不及离开高大物体时，应找些干燥的绝缘物放在地上，并将双脚合拢坐在上面，切勿将脚放在绝缘物以外的地面上。不宜在大树下躲避雷雨，如万不得已，则须与树干保持3米距离，下蹲并双腿靠拢。

（5）当在户外看见闪电几秒钟内就听见雷声时，说明正处于近雷暴的危险环境中，此时应停止行走，两脚并拢并立即下蹲，不要与人拉在一起，最好使用塑料雨具、雨衣等。

（6）在雷雨天气中，不宜在旷野中打伞，或高举羽毛球拍、高尔夫球棍、锄头等；不宜进行户外球类运动；不宜在水面和水边停留，如钓鱼、游泳、玩耍。

（7）雷雨天，不宜快速开摩托、快骑自行车或在雨中狂奔。

5-19 雷雨天在高铁站台撑伞会触电吗?

答：雨天在半封闭或者露天的站台打伞，存在很大隐患。由于高铁和电力机车是通过车顶的受电弓，获取来自列车上方那条长长的高压电线（接触网）所提供的电力，以此驱动列车前行。电气化铁路上方的高压接触网，在其导线及连接部件2米范围内，通常都有强大的电磁场，在半封闭或者露天的站台，如果旅客带着雨伞、木棒等高长物件，又遇上下雨天，水流成线，也就相当于从高压线上面接了几根电线下来。因此，电气化铁路接触网放电致人伤亡是有可能的。

在雨天出行的时候，尽量不要带尖头伞，要带容易折叠的平头伞，列车到达以后迅速把伞收起，然后上车。火车站台上都设有安全线，在火车站站台上候车的乘客应站在安全白线内。

5-20 雷雨天出行须注意哪些问题?

答：（1）雷雨天人在路上行走时尽可能绕过积水地段，如涉水一定要观察所通过的路段附近有无供电设备。

（2）如果发现电力线路断落在地上或积水中，应离开导线落地点8米外，立即在周围做好记号，提醒其他行人不要靠近，拨打95598寻求帮助。

（3）下雨时不要靠近电力设备或在变压器下避雨，因为雷击和暴雨容易引起电力裸导线或变压器放电，伤及人员。

5-21 雷雨天气如何安全用电？

答：雷雨天气中，应注意以下几点：

（1）关闭电脑、电视等家用电器，拔掉电源插头。因为雷电一旦击中电视天线和电脑接地线，可能会沿着电缆线进入室内，损坏电器，威胁人身安全。

（2）尽量不要使用移动电话，以防雷电波沿通信信号线入侵，对人身安全造成威胁。

（3）暂时不要淋浴。因为一旦建筑物被雷电击中，巨大的雷电流将沿着建筑物的外墙、供水管道流入地下，雷电流有可能导致淋浴者遭雷击，造成伤亡。

（4）如遭遇意外停电事件，市民应先询问邻居家是否停电，以确定停电范围。然后拨打95598供电服务热线报修，万万不可自行维修。

5-22 雷雨天气中如何防触电？

答：雷雨闪电时，不要拨打接听座机电话，应拔掉电话线插头。可以正常使用手机，但尽量不要在户外或室内靠近窗户的位置接打手机。

雷雨天气出行，行人更要注意观察，不要与路灯杆、信号灯杆、空调室外机、落地广告牌等金属部分接触。不要靠近或在架空线和变压器下避雨，因为大风有可能将架空电线刮断，而雷击和暴雨容易引起裸导线或变压器短路、放电，对人身安全构成威胁。在雷雨较大时要远离树木，尽量不要大跨步跑动。如果在户外遭遇雷雨，来不及离开高大物体时，应马上找些干燥的绝缘物放在地上，切勿将脚放在绝缘物以外的地面上，因为水能导电。对突来雷电，应立即下蹲降低自己的高度，双手抱膝，胸口紧贴膝盖，尽量低下头，因为头部较之身体其他部位最易遭到雷击。同时将双脚并拢，以减少跨步电压带来的危害。

暴雨过后，有些地方路面积水，此时最好不要趟水。如果发现电线断落在水中，千万不要自行处理，应当立即在周围做好标记，及时拨打95598寻求帮助。一旦电线恰巧断落在离自己很近的地面上，先不要惊慌，更不能撒腿就跑，此时应单腿跳跃离开现场，否则很可能会在跨越电线时触电。

5-23 雷电对家电有哪些损害?

答:雷电往往会对家用电器集成电路造成较大危害。雷雨季节导致家用电器损坏的主要原因,往往是由于感应雷的侵入引起的。电源线、弱电电缆容易产生感应电磁脉冲,即使埋设在电缆沟或地下,也会受到雷电电磁脉冲的影响。

强烈的雷电感应作用,会在架空导体上产生很高的雷电电磁脉冲。电磁脉冲沿着导体进入家用电器内部造成危害。雷电对家电的危害主要分为:明显损伤,雷电对家电直接造成损害,使其无法正常使用;慢性损害,破坏原有家电内部电器参数平衡、损坏家电部分非关键元器件,导致家电整机性能下降,使用寿命缩短。

5-24 家用电器如何防雷电?

答:汛期雷雨天气多,家用电器需要防雷。造成家用电器被雷击的多数原因不是直击雷,而是沿电线传入的雷电侵入波,也就是雷电落在电力线路上造成的高电压或雷电落在电力线路附近造成的感应高电压,所以,多数情况下,避雷针是不能保护家用电器被雷击损坏的。

雷雨天气时,最可靠的办法还是提前拔下电器电源插头,对于需要用线材连接的设备,如电视机、电话和电脑等,应把电视天线、有线电视信号线、网线以及电话线拔下来。但如果外面已经出现比较强烈的雷电时,则不要进行这些操作,还是人身安全要紧。

用户应注意,安装家电时,应与建筑物外墙保持一定距离,在相应的入户线路上,安装家用电器过电压保护装置。此外,对于有金属外壳的家用电器,应接地,但最好不要与自来水管连接。装有室外电视机天线、房顶安装有太阳能装置、金属水箱的客户,为避免这些物体引雷入室,必须请专业人员设计安装避雷装置。

值得注意的是,避雷针的架设有严格的技术要求,现在一些用户架设的避雷针采用较细的铝线,地下埋设的接地网也根本达不到要求,"避雷针"不但起不到避雷作用,反而成了"引雷针",埋下了很大的安全隐患。

5-25 雷雨天气家庭如何防雷击?

答: 应注意关闭门窗, 以防侧击雷和球雷侵入。不宜使用电视、音响、电吹风、电动剃须刀等电器。最好不要接触煤气管道、自来水管道以及各种带电装置。不宜用喷头洗澡, 因为雷电会沿着水流袭击淋浴者。不要或减少使用电话和手提电话, 不宜停留在铁栅栏、金属晒衣绳、金属体以及铁轨附近。

5-26 路过积水路段如何防范触电?

答: 夏季多暴雨天气, 雨后容易造成大面积积水。行人路遇积水, 最好绕过积水地段。如果无其他路可走, 行人应事先观察附近有无电力设施、有无断落的供电线路, 确认安全后再通过。

如果发现有电线断落在附近, 不要惊慌, 更不能撒腿就跑。行人应用单腿跳跃或双脚并拢跳着离开现场, 以免跨步电压伤人。

5-27 电气设备着火后, 应采取何种方式扑灭明火?

答: 电气设备着火后, 绝对不能直接用水扑灭。因为水中一般含有导电杂质, 喷在带电设备上, 再渗入设备内, 更容易导电。如果用水灭火, 还可能降低电气设备的绝缘性能, 引起设备接地短路, 危及附近救援人员的安全。所以一般应该使用二氧化碳、四氯化碳、干粉等不导电的灭火剂灭火。

但当变压器、油断路器等充油设备发生火灾时, 可以把水喷成雾状灭火。水雾面积较大, 覆盖在火焰上可以吸热汽化, 将火焰温度拉低, 落下的细小水珠浮在油面上, 也可以使油面温度降低, 从而使火焰熄灭。

5-28 电气线路引起火灾的原因是什么? 怎么防护?

答: 1.线路短路

当线路发生短路时, 短路电流要比正常流过的工作电流大几十倍。在短时间内, 线路产生大量的热量, 导致温度剧升, 引起绝缘材料燃烧, 也可能由于短路时产生的火花与电弧, 引起周围可燃物的燃烧, 而导致火灾发生。

发生短路的主要原因:

(1) 设计安装不合理, 没有考虑周围环境影响, 线路走线不科学等。

(2) 导线打结, 导线用铁丝绑扎以及导线经常受热、受潮、受腐蚀、受机械损伤及过负荷的作用等引起导线绝缘损坏。

（3）线路的维护检查不当，故障隐患不能及时发现并排除。

防护措施：

（1）严格按安全电气装置规程的要求，进行设计和施工。

（2）加装熔断器和自动开关，对线路进行保护。

（3）正确使用熔断器、熔芯及自动开关的保护与动作参数。

2.线路过负荷

过负荷运行会导致线路温度升高，如超过导线的最高工作温度，可能导致绝缘材料的燃烧或引起附近的可燃物燃烧，造成火灾。

导致线路过负荷的原因：

（1）设计施工时导线截面积选择过小、用户所提供的用电设备资料及其运行规律不确切。

（2）在使用中未经核算，擅自增加用电设备。

（3）线路或用电设备的绝缘能力下降，电流增大。

（4）保护线路的熔断器和自动开关不配套，过负荷后不能有效地保护线路、设备等。

防护措施：

（1）选材时工作电流最好不超过导线安全载流量的2/3。

（2）不擅自增加设备，增加时要充分考虑线路的安全载流量。

（3）定期检查线路的绝缘电阻。

（4）按规定使用保护装置。

3.线路连接处接触电阻变大

导线与导线、导线与电气设备、计量仪表等相互连接处的电阻称为接触电阻，当接触电阻增加，发热量也大增，极易引起火灾事故。

接触电阻变大主要原因：

（1）施工工艺不当。

（2）运行中，接头在机械作用、电磁力作用、冷热变化作用下引起松动、氧化、发热。

防护措施：

（1）严格按照电气设备装置的工艺要求。如导线绞合的做法，连接处的去污与焊锡，铜导线使用线耳的规定，铝导线或铜导线接头的连接工艺，接头处恢复绝缘等，切不可擅自改变、简化。

（2）在运行中加强巡视与检查，尤其是大电流通过接头处，可用变色漆、蚀油等观察监视，如发现接头松动或发热，应及时处理。

5-29　冬季如何防范电气火灾？

答：（1）家庭必须使用合格电气线路，安装漏电保护装置，购买家电设备等。

（2）不超负荷用电。用电增容要考虑导线的载流能力。

（3）严禁用铜丝、铝丝等代替熔丝。

（4）注意检查室内电气线路、开关、插座是否发热，防止由于电线过热、老化等原因引发电气火灾。

（5）不要带电移动大功率电器，遇电气故障要找专业维修人员处理。

5-30　假期，如何防止办公大楼电气火灾？

答：第一，在节前放假通知安全措施中，各单位应该同时附上电气安全的措施，要求所有办公用电气设备全部关闭，有条件的应切断各办公室电源。

第二，放假前应该组织人员对大楼照明、公用电气设备进行一次全面检查，尤其是茶水机、园林景观灯、车库、电瓶车充电场等电气设备，有缺陷的电气设备可利用节日休假期间进行及时检修。

第三，放假之前，各无人办公室应该切断电源，楼道照明也应减少亮灯数。

第四，多电梯办公大楼可采取只开一部电梯的措施，这样既可节约用电又可加强对大楼进出人员的监控。

第五，由于办公大楼平时用电负荷较大，而假期用电负荷大减，这就需要配有多台变压器的办公大楼根据假期实际用电负荷停用个别变压器。这样，可以防止低负荷情况下，电压过高引发的电器发热，避免电气火灾的发生。

第六，假期安排的值班人员除加强对各楼层的安全保卫外，也应加强对电气安全和消防设施的检查，以防电气火灾的发生。

5-31　如何预防家庭电线突然着火？

答：预防电气着火有四点注意事项：第一，选择质量合格的电气产品，不要图方便在已安装好的电气线路上私拉乱接，以免增加线路的用电负荷量，造成短路；第二，电线使用年限一般是20~30年，应定期请电工检查电气线路，超龄电线或者绝缘层破损时，要及时更换或修理；第三，不要随意更换大型号保险丝或以其他金属丝代替保险丝。第四，如遇电线、电表起火，要迅速使用绝缘工具切断电源。

5-32　家中发生电气火灾该如何处理？

答：（1）当发现家中电力线路、电器设备冒烟或闻到异味，甚至起火，引着附近的可燃物时，一般都应采取迅速切断电源的灭火方法，即根据火场不同情况，拉开进户的总开关，断开火场所有电源。千万不要直接用水救火，因为电器一般来说都是带电的，而水是能导电的，可能会使人触电。只有在确定电源已经被切断的情况下，才可以用水来灭火，或用湿棉被等覆盖物封闭灭火。在不能确定电源是否被切断的情况下，可选择气体、干粉、二氧化碳、四氯化碳等灭火剂扑救，不要使用泡沫灭火器。

（2）必要时拨打"119"或"110"报警电话。电器或插头仍在着火时，切勿用手触碰电器。

5-33　预防电气火灾要注意哪些问题？

答：夏季气温攀升。一些客户的电气设施由于高温等因素，会出现火患等苗头。

客户的变压器大多属于充油式。变压器油遇高温、火花或电弧，容易引起燃烧和爆炸。此外，用电设备过负荷、故障短路以及遭到外力破坏、变压器保护设置不当等情况也会形成起火条件。

企业电工应按照相应的设置规范，对不同等级和使用环境的变压器采用相应的熔断器，认真实施过电流继电器的电流保护和气体继电器保护，加强信号温度计的保护。

电气设备最好装设在陶瓷、耐火材料、有隔热层等不燃烧、不传热的基础构件上。在设备使用过程中应有人看管，当操作人员离开设备时，应切断电源，并检查电源线等设施有无异常。

5-34 家电下乡，农户家中添置大量家用电器。一些农户在停止使用大功率电器后，有时发现插座、插头有发烫现象。这是什么原因？又该如何处理？

答：1.插座质量低劣

劣质插座中铜片夹持力不够，导致插座与插头接触不良，电器使用时间一久，插座、插头就会发热。出现上述问题的原因往往是因为安全意识差，在购买插座时贪图便宜购买了"三无"产品。

解决办法：尽可能到正规厂家指定的专卖店或大型超市购买正规插座。

2.插座容量过小

一般要求插座所带电器的额定电流不应大于插座的额定电流，即不能"小马拉大车"，否则插座会发热，缩短使用寿命，损坏电器，甚至引起火灾。

大功率用电器，例如空调、电磁炉、微波炉等，一般要求选择额定电流为16安的插座，而彩电、电冰箱、洗衣机等选择额定电流为10安的插座。

解决办法：功率大的用电器不允许在一个插座上同时使用。正规插座产品都标有额定电压和电流，购买时应仔细确认。

3.插头脏污

插头氧化或有油污，造成插头与插座接触电阻增大，加上负载功率大，导致插头发热，若不及时处理，会形成恶性循环，时间久了易引发火灾。

解决办法：经常擦拭电器插头，防止在插头两极积尘和产生铜绿；对氧化严重的插头应用砂纸打磨，或更换新插头。

4.插座、插头的接线松动

插座、插头的接线不牢固，接触电阻增大，也容易导致发热。

解决办法：将接线装接牢固。

5.插座超期服役

插座有使用寿命，目前我国农村家庭和城镇住老房子的住户，有相当一部分插座使用年限过长，超出它的正常使用寿命。插座超过使用年限后，内部接插的铜件老化，夹持力降低，导致与插头接触不良，容易发热。

解决办法：消费者应有"插座使用寿命"的概念，让旧插座按时"退休"。

6.在插座上同时接入多种大功率电器

农村家庭和城镇老房子住户，因插座布局不合理，数量也严重不足，导致许多家庭将多种电器接在同一个多用插座上。由于多用插座和电源连接线都有额定的容量，多种家用电器，特别是大功率电器在同一个多用插座上同时开启使用，势必会造成电流太大，引发多用插座和插头过热。

解决办法：使用位置固定的家用电器和功率大的电器（如电视机、电冰箱、微波炉、电磁炉、电脑、音响等），应单独接入固定插座，接大功率电器固定插座的电源线还应直接从家庭配电箱中引出；对于一些经常移动的电器，可采用多用插座，但需谨慎使用，不要同时开启多种电器，确保安全。

7.潮湿环境下使用普通插座

一些家庭在厨房、卫生间等场合安装普通插座。由于这些场合空气湿度大，又存在有害气体，插座内的铜片很容易被氧化和锈蚀，造成接触电阻增大，引起插座和插头过热。

解决办法：在潮湿场所安装密封型插座。

5-35　家里电线裸露如何处理？

答：如果发现家里的电线裸露，应该采取以下措施：把电源的总开关拉掉，切断电源，再用绝缘胶带将电线裸露部分包缠好。缠绕绝缘胶带的方式是：绝缘胶带与导线保持55度左右的倾角，每圈重叠带宽的1/2，缠绕一层后，再沿另一倾斜方向用同样的方法缠绕一层。这里需要提醒广大用电客户，绝不允许用医用白胶带或透明胶带缠绕裸露电线，因为这样不但不能保证绝缘，而且还容易造成触电事故。

5-36　家庭电力线路发热有危险吗？

答：居民家用电器使用时间过长，线路长时间过负荷会导致线路高温过热，如果超过导线的最高工作温度，可能导致绝缘材料燃烧或引起附近可燃物燃烧，引发火灾，应引起重视。

线路发热的原因有：用电客户布线施工时导线截面积选择过小；客户使用用电设备未经核算，随意擅自增加；线路或用电设备绝缘能力下降，电流增大；保护线路的熔断器和自动开关不配套。

5-37　如何计算插座安全用电电压、电流？

答：每个插座背面都标记着它的用电承受范围，电压通常为220伏~250

伏，一般家庭电压都在这个区间。在使用插座时，居民可以先计算一下，不应超过插座的最大电流承受范围。最简单的方式就是用电器的功率（瓦）除以电压（伏），得出电流（安）。总电流数就是每个电器所用电流数的总和，需要注意的是，总电流数不能超过插座的额定最大电流。

5-38 如何判断设备外壳是否带电？

答：1. 用试电笔检查

将试电笔接触电气设备的金属外壳，若氖泡发光亮度与测试220伏相线一样亮，则有可能是相线碰壳故障；若亮度比在220伏相线上测得的弱，则可能是一般感应电。

2. 用万用表检查

一根表棒接触到电源的中性线上，另一根表棒接触到用电设备金属外壳。若万用表有电压指示，表示漏电，电压越高漏电越严重。若万用表指示很小，则为感应电。

5-39 如何区分施工现场不同颜色的安全色？

答：安全色是表达安全信息含义的颜色，用颜色表示禁止、警告、指令以及提示信息。用于安全标志牌、防护栏杆、机器上禁止乱动的部位、紧急制动按钮、安全帽等处。

在国家标准GB 2893—2008《安全色》中，对颜色传递安全信息作了相应规定。安全色分为红、蓝、黄、绿四种颜色。

红色表示禁止，常用于禁止标志、停止标志、紧急制动装置或禁止人们触动的部分。蓝色表示指令或必须遵守的规定，用于指令标志、个人必须佩戴的防护用具、道路上指引方向的标志。黄色表示警告或注意，用于警告标志、警戒标志、警戒线等。绿色表示安全或准予通行，用于提示标志、车间内的安全通道、行人和车辆通行标志、消防设备等安全防护设备。

5-40 装修中需注意的安全用电问题有哪些？

答：春秋季是装修旺季，客户在装修过程中应关注以下安全用电问题。

装修材料大多具有可燃性，因此对电气设施的改动应谨慎，否则容易造成火灾。选择电线时应用铜线，忌用铝线。

配线时，应考虑不同规格的电线有不同的额定电流，防止线路长期超负荷发生危险。

在施工中应注意不能在墙壁上直接挖槽埋电线，应采用正规厂家生产的穿线管套装。在施工中，墙壁的隐蔽线路应使用PVC硬质线管，注意与线号匹配。地面走线最好使用镀锌铁管并固定好，不要串位，避免电线受压产生隐患。

在电线接头、绝缘以及防潮处理方面也应加以重视，应当尽量减少接头。注意避免线路被后续施工破坏，避免墙壁线路被电锤打断，PVC线管在铺装地板时被气钉枪击穿。

5-41 住宅装修中电气安全要求有哪些？

答：（1）居家布置线路首先考虑导线要有容量余度，大功率电器应布置专线，避免超负荷使用。

（2）要安装合格的漏电保护器，室内设公用地线。

（3）严禁用铜、铁丝代替保险丝。

（4）严禁使用破损开关。

（5）所有要求保护接地或保安接零的电器和带金属外壳的电器必须选用三脚电源插头。用电负荷不宜超过电表的额定容量。

（6）电源插座应尽量布置在隐蔽的地方，防止儿童误摸。

5-42 住宅装修如何安全布线？

答：（1）住宅所用用电设备、线路绝缘必须良好，灯头、插座、开关等带电部分不能外露，严防人体触及。

（2）不要乱拉乱接电线、乱接用电设备。

（3）用电设备金属外壳应接地良好。

（4）住宅布线时，塑料护套或其他绝缘导线不能直接埋在混凝土或沙石墙内，应穿管埋设。

（5）照明、电器、空调最好分别走线，卫生间和厨房应采用防水插座。

（6）电源管道等隐蔽埋墙工程一定要保证质量，否则很难维修补救。

5-43　火锅店安全用电要注意什么？

答：火锅店新开业，应到供电企业办理新装手续，切不能私自接表用电。新装手续办理成功后，室内用电线路敷设要注意加装保护，避免导线接触高温物品，容易因绝缘老化造成漏电。在店外安装霓虹灯或灯箱时，应使用防老化导线或护套线架空敷设，严禁使用地爬线供电。此外，要坚持每月一次定期试跳漏电保护器，并适当增加试跳次数，确保漏电保护器正常运行，如果试跳不灵敏，应立即请专业人员更换。

5-44　开学后，学校应对学生进行哪些安全用电教育？

答：开学在即，学校应对学生开展专项安全用电教育。内容如下：

（1）教学生了解教室内的电源总开关，学会在紧急情况下关闭总电源。

（2）教学生不用手或导电物（如铁丝、钉子、别针等金属制品）去接触、探试电源插座。

（3）教学生不用湿手触摸电器，不用湿布擦拭电器。

（4）电器使用完毕后，应拔掉电源插头；插拔电源插头时，不要用力拉拽电线，防止电线的绝缘层受损造成漏电。

（5）发现有人触电要设法及时关断电源，或用干燥的木棍等物将触电者与带电体分开，不要用手直接拉人；年龄小的学生遇到这种情况应呼喊成年人相助，不要自己处理，以防触电。

5-45　开学季学校如何让校园用电更安全？

答：（1）开学前，学校应安排专业电工对校园电气设备和线路做一次全面检查，尤其是线路老化严重、当地气候条件恶劣的学校，更应进行系统检查。定期更新老化的线路设备，对于没有专业电工的学校，可委托专业人员及时更新设备、线路。

（2）重点检查宿舍、开水房、课堂、多媒体室、食堂等隐患高发场所的用电设施，发现隐患及时处理。

（3）加强安全教育，普及安全用电知识。譬如不私拉乱接电源，不用湿手触摸电器，不用湿布擦拭电器，教室、宿舍内电线的绝缘皮剥落要及时更换或套上PVC管，严禁使用电炉子、"热得快"等。

5-46 假期中孩子应该注意哪些安全用电常识?

答:暑假期间学生放假,在缺少家长陪伴的情况下,有可能引发各种安全问题。家长应提前教会孩子掌握安全用电的知识:

(1)不要用手或金属等导电物去插、捅电源插座的孔眼。

(2)不能用湿手触摸、玩弄电线、插头、开关、灯泡等家用电器设备。

(3)不要带电移动家用电器,必须在关上开关或拔去插头的情况下方可移动电器。

(4)遇到打雷闪电时,最好不要看电视。家长应拔掉电源插头。

(5)孩子在户外玩耍时,不要攀爬电线杆,不要在变压器和电力设施旁逗留。

(6)如发现有人触电,孩子不能用手直接救人而应大声呼救。

(7)孩子在外玩耍时,如果见到脱落的电线千万要躲远,并告知大人。

(8)不要在电力线路下放风筝、钓鱼。

(9)家长要教会孩子识别电源总开关的位置和作用,学会在紧急情况下切断总电源。

(10)发现电器有冒烟、冒火花等情况,应立即找家长处理。

5-47 为什么放风筝要远离电力设施?

答:根据《电力设施保护条例》,任何单位或个人,不得在架空电力线路导线两侧各300米的区域内放风筝。这不仅仅是为了电网的安全,更是为了保护居民自身的安全。

近年来,风筝及风筝线的材质发生了很大变化,一些可以通电发光的风筝流行开来。但这种含金属丝材质的风筝对架空线的安全运行构成了严重威胁。一旦这种含金属丝材质的风筝线缠绕在高压线上,造成单相接地或相间短路,可以直接导致线路发生跳闸事故。甚至风筝和风筝线还可能传导高压电,对放风筝的人或附近的路人造成伤害。此外,挂在高压线上的风筝被雨淋湿后很容易导电,如果得不到及时处理,也容易导致线路跳闸等事故。

所以说,居民放飞风筝一定要远离电力设施。如发现有风筝挂到高压线等电力设备上,请及时拨打95598客户服务热线。

5-48 台风天气用电应注意什么？

答：（1）台风来临前，最好对装设的漏电保护器试跳，检查漏电保护装置运行情况。对于不能正确动作的应立即请专业电工维修或更换。漏电保护装置跳闸或保险丝烧断后不要急于恢复，应仔细检查户内线路和用电设备，无异常再恢复送电。

（2）尽量留在屋内，切断室内电源，关闭煤气。

（3）家中进水时，应立即关闭电源总开关，拔除电器电源插头，防止因雨水淹没用电设备等引发触电事故。如果配电设施和用电设备被水浸泡，水退后不要马上送电，应仔细检查，确认绝缘完好设备安全后方可使用。

（4）连续降雨室内潮湿，接触电器时应确保手脚干燥，穿上绝缘材料制成的鞋子（如干燥的塑料鞋、皮鞋）。

（5）发现户外有电线断落、电杆倾斜或倒地、树枝倒压线路；发现线路、变压器有放电现象；发现供电设施被水浸泡等情况，请远离供电设施，并及时拨打95598客户服务热线反映。

5-49 办公楼用电有哪些注意事项？

答：办公楼内电脑、打印机、饮水机等用电设备种类繁多，办公人员必须注意以下几点：

（1）办公室电器大多是插座供电，使用时切忌一个插座插太多电器，以免造成插座过负荷引发事故。

（2）便携式电器一般体积较小、散热性差，容易自燃，比如充电宝、相机电池充电器等，使用时应多加注意。

（3）不要让电器长时间待机，不私拉乱接电线，拔插头不能硬拽电线。

（4）下班尤其是小长假，办公室一定要关闭电器开关，切断室内电源。

5-50 高温季节如何保证用电安全？

答：夏季高温，电器使用频率高，超负荷用电导致的电气故障频频发生。为确保用电安全，居民应注意以下几点：

（1）所有使用的家用电器，必须安装可靠且合格的漏电断路器，每隔一个月就要试跳一次，以检查它的灵敏度。

（2）凡是带金属外壳的家用电器，必须装有接地线且接地电阻不大于规定值（4欧姆）。

（3）移动式插座的连接线不能过细，插座上的设备用量不宜太多，负载不宜过大（不可超过插座本身规定的额定电流）。

（4）插头或者插座有烧伤、损坏迹象不可再用，切不可用导线直接插入插座。

（5）湿手或者潮手，不可插拔电源和操作设备，移动插座应注意防潮、防火、防压。

（6）夏天维修电器或检查线路时，必须先断开电源。如需安装电器设备或电灯等用电器具时，应由有资质的电工进行安装。当电气设备出现故障时，要由有资质的电工进行修理，禁用铜丝、铝丝等代替保险丝。不可赤膊上阵或穿拖鞋，更不可用铁梯登高作业。

（7）不用的设备要切断电源，防止遭受雷击，做好防雷措施。

（8）要时刻遵守安全用电规章制度，禁止私拉电线，私安电表，私改线路等。

（9）电器要放在干燥、清洁、通风的地方，长期不用的电器最好每周通电加热一次，防止其受潮锈蚀，甚至引起短路发生火灾。

（10）对夏季使用频繁的电器，要采取一些实用的防范措施，如经常用试电笔测试金属外壳是否带电、安装合格的触电保护器（漏电开关）等。

（11）不要用手去移动正在运转的家用电器，如洗衣机、电视机等，如需搬动，应关上开关并拔去插头。

（12）要注意电器的使用寿命，严禁使用已超过使用寿命或存在隐患的电器。

（13）居民对雷电的入侵应积极预防。感应雷电入侵有四条途径：供电线、电话线、有线电视线、住房的外墙或柱子。因此，定期检查地线很重要。

5-51 工厂内需注意哪些安全用电常识？

答：工厂里用电设备很多，每个工人接触电气设备的机会也多。工人必须掌握如下安全用电常识。

（1）工人使用的设备、工具，如果电气部分出了故障，不得私自修理，也不得带故障运行，应立即请专业电工检修。

（2）工人经常接触和使用的配电箱、配电板、闸刀开关、按钮开关、插座、插线板以及导线等，必须保持完好、安全，不得破损。

（3）在操作闸刀开关、磁力开关时，必须将保护盖盖好，防止万一线路短路时产生电弧或保险丝熔断飞溅伤人。

（4）使用中的电气设备，其外壳按有关安全规程，必须进行防护性接地或接零。对于接地或接零的设施要经常检查。需要移动某些非固定安装的电气设备时，必须先切断电源再移动。同时要收拾好导线，不得在地面上拖来拖去。

5-52 农村施工使用手电钻有哪些注意事项？

答：农村在盖房、施工时，经常会用到一些电动工具，手电钻就是其中的一种。在使用手电钻时，应注意以下几个注意事项：①使用电源要符合标牌规定值；②电钻外壳要采取接零或接地保护措施，插上电源插头，用试电笔测试确保外壳不带电方可使用；③电钻的转速突然降低或停止时，应赶快放松开关，并切断电源，慢慢拔出钻头；④使用电钻时，要注意观察电刷火花的大小，若火花过大，应停止使用并进行检查维修；⑤在有易燃、易爆气体的场合不要使用电钻；⑥不要在运行的仪表和计算机旁使用电钻，电钻更不能与操作的仪表和计算机共用一个电源；⑦在潮湿的地方使用电钻，必须戴绝缘手套、穿绝缘鞋，并站在绝缘垫上或干燥的木板、木凳上，操作人员禁止戴线手套作业。

5-53 水中常用的电气设备要注意哪些安全问题？

答：（1）增氧机、潜水泵等用电设备长期置于水中，容易漏电引发事故，必须安装漏电保护器，用于在漏电时自动切断电源，保证用电安全。水中用电设备的电源线应使用专用电缆，不得任意接长或拆除。设备进出水面时切勿使电缆受力，以免电缆断裂。

（2）经常检查电动机状况，如发现设备下盖有裂痕、橡胶密封不严或失效，应及时维修更换，避免水渗入设备内部，产生故障。

（3）水中用电设备在未断电的情况下，操作者不得下水操作，也不要在附近取水、洗衣。

5-54 线下建房须遵守哪些安全规定?

答：电力线路防护区内严禁建房。判断房屋是否安全，应当注意它是否符合安全距离的规定，安全距离标准有3个：最小垂直距离、最小水平距离和最小直线距离，分别对应导线和建筑物的3种位置情况：建筑物在导线正下方、建筑物在导线侧方、建筑物在导线侧下方。同时，还要考虑大风天气等情况。不符合距线安全规定的房屋属于违章建筑，既危害电力线路安全，也会对自身构成危险。

5-55 智能电表信号采集器是否安全?

答：智能电表信号采集器有明装和暗装两种形式，明装（非嵌入墙体）的采集器箱采用非金属计量箱，下沿距地面高度为1.8米~2.5米；暗装（嵌入墙体）或竖井采集器箱下沿距地面高度应不低于1.4米，保证不会被儿童误碰。集中器类似于GPRS手机上网设备，无线电辐射等级远低于普通智能手机，完全满足国家无线电管理委员会的有关规定。

5-56 动火作业有哪些安全要求?

答：电力施工中使用电焊、气焊（割）喷灯、电钻、砂轮等器具可能产生火焰、火花和炽热表面的非常规作业称为动火作业。在开展动火作业中，一定要根据不同要求做好动火设备（系统）的隔离、清洗置换和动火分析，并取样测试合格；在动火前，确保有关自动消防系统已经隔离。高空动火作业应做好下部空洞、窨井、可燃物分析，并采取清理或封闭措施，以免引起火灾爆炸事故。

5-57 为什么高压线路附近不能垂钓?

答：目前市面上常见的鱼竿和鱼线材质在高电压作用下都不能保证绝缘。即使钓鱼者自己在鱼竿握把处套上塑料套，也同样起不到绝缘作用。

35千伏及以上的输电高压线路导线没有绝缘层。外表都是裸露的金属铝，直接带电，易氧化，线路发黑现象就是由于其外层铝氧化后导致。因此钓鱼者一定要与输电线路保持安全距离，防止鱼竿或者鱼线挂上电线，导致人员触电。

5-58 与高压线保持多大距离才安全？

答：由于电的特殊性质，在高电压或特殊情况下，没有直接接触带电体也有可能发生触电伤害。为了防止人体触及或接近带电体，防止车辆或其他物体碰撞或接近带电体造成的危险，人体需要与带电体保持一定的距离，这个距离称为安全距离。

一般人会误认为，只要自己不碰着高压线，就不会发生触电。实际情况是，人即使不碰着高压线，在一定距离以内，也会有危险。如果电压差足够大的时候，空气都可能被电击穿（比如雷电，就是自然界形成了非常大的电压差，把大气击穿的现象）。当然，空气距离越大，越不容易被击穿，足够的空气距离能够实现绝缘。所以，我们平时会看到，路边的架空电力线路对地面的高度也是不同的。电压等级越高的线路，架空线的支撑塔就越高，就是为了增加导线到地面之间的空气距离。《110~500kV架空送电线路设计技术规程》（DL/ T5092—1999）对导线与地面的最小距离进行了规定，如110千伏线路经过居民区时，导线对地面的最小距离为7米；220千伏线路经过居民区时，导线对地面的最小距离为7.5米；500千伏路经过居民区时，导线对地面的最小距离为14米。只要在最小安全距离之外，我们就不必担心会触电。

5-59 生活中的安全电压是什么？

答：安全电压的定义：安全电压是指人体较长时间接触而不致发生触电危险的电压，也就是说安全电压不危及人身安全。安全电压也叫安全特低电压，应特别强调，任何情况下都不要把安全电压理解为绝对没有危险的电压。

触电危险不只取决于电压高低。人体触电后的危险程度主要决定于通过人体的电流量、电流持续时间、电流流经人体的途径、人体的电阻、电源频率、人体的健康状况、性别、年龄等因素。以上各种因素中，通过人体的电流量的大小起决定作用，而通过人体的电流量除与加在人体上的电压有关外，还与人体电阻有关，人体的电阻又受环境、温度和湿度的影响。

安全电压值不是一个固定值。人体触电后有无危险主要取决于电流量的大小，而人体的电阻在不同情况下的差别是很大的。因此，安全电压在理论上不可能有一个确定的值。另外，在制定安全电压时，还要从安全与经济的角度考虑，如果规定得过低，对人身安全有好处，但会增加投资甚至造成不必要的浪费。反之，虽能满足经济的要求，但对人体安全造成威胁。因此，在保证安全的前提下尽可能地提高经济性是世界各国确定安全电压的原则。

我国标准规定工频电压有效值的限值为50伏、直流电压的限值为120伏，这两个电压限值是允许长期保持的接触电压最大值。同时考虑到人体所处的环境不同，又对工频交流电不同接触状态下的安全电压做了规定：第一种情况，人体大部分浸在水中，指在游泳池或在设有电路的危险水槽内发生人体触电的状态。这些场所会发生二次灾害，例如在游泳、浴池等场所发生触电后可能导致溺水死。因此人体可能摆脱的自主电流为5毫安。由于人体浸在水中，人体电阻只有500欧姆，此时的安全电压应为2.5伏。第二种情况，人体一部分经常接触到电气装置金属外壳和构造物的状态。此时，人体电阻仅为500欧姆左右，若接触电压25伏，通过人体电流达到允许极限值50毫安。若以安全电流30毫安取代，则安全接触电压为15伏。第三种情况，上述两种接触以外的情况，对人体有接触电压后，危险性高的状态。在这种环境中人体皮肤干燥，属正常状态。安全电流最大值取30毫安，人体电阻取1700欧，持续允许接触电压为50伏。第四种情况，指接触电压后无危险或危险低的情况。对此，不规定安全电压值。

安全电压值的确定，应考虑用电设备的特点、使用环境、应用条件等因素。

（1）家用电器、特别危险环境中使用的手持电动工具应采用42伏及以下的安全电压。

（2）有电击危险环境中使用的手持照明灯和局部照明灯应采用36伏或24伏电压。

（3）室外灯具距地面低于3米，屋内灯具距地面低于2.4米时，应采用36伏安全电压。

（4）在潮湿和易触及带电体场所，电压应不大于24伏。

（5）在金属容器内、特别潮湿地等危险环境中使用的手持照明灯应采用12伏电压。

（6）水下作业等场所应采用6伏安全电压。

（7）医用电器的安全电压值为24伏，但对电极探入人体的医疗器械，必须远远小于24伏。

（8）装在游泳池、浴池内的电气设备特低电压为12伏。

另外，对提供安全电压的电源和对安全电压回路的配置，国家都有明确要求。只有达到这些要求的前提下，所提供的电压才是安全电压。安全电压也不是绝对安全，是有条件的安全。

5-60　安装照明灯具时的安全要点有哪些?

答：照明灯具应符合用电电压等级的环境条件要求。干燥环境下采用普通灯具，潮湿环境和露天场所应采用防水灯具，易燃易爆场所内应采用防爆灯具。

照明灯一般应采用拉线开关或墙壁开关，开关应装在相线上，并加以固定。墙壁开关安装高度距离地面距离应不小于1.5米。螺口灯泡拧入灯头后，金属部分不应外露，否则应加设安全圈。插座容量应与用电负荷相适应，每一个插座只允许接一个灯具，并应加装熔断器保护。

5-61　照明开关为什么不能接到中性(零)线上?

答：照明开关应该装设到相(火)线上，如果接到中性(零)线上，虽然断开时电灯也会熄灭，但灯头的相线仍然是接通的。一般人认为灯不亮就处于断电状态，因此把照明开关接到中性线上的行为是十分危险的，非常容易引发触电事故。假如人们在换灯泡、清洁灯具等活动中不慎触及这些带电部位，则会酿成事故。所以各种照明开关或单相小容量用电设备的开关，都应串接在相线上，这样才能确保安全。

5-62　居民可以拆卸等电位箱吗?

答：等电位箱是家庭必备的配电装置，不能随意改动，否则容易引发触电事故。等电位箱是家庭用户整个电源的接地平衡接入点，万一家中发生漏电情况，等电位箱接地端子就会和漏电的地方形成一个回路。此时，漏电保护器就会做出反应跳闸，这样就达到了保护人身安全的目的。如果没有等电位箱，漏电保护器就无法探测漏电情况，可能引发危险。

5-63　造成家用电器外壳带电的原因是什么?

答：(1)电器带电部分和外壳之间的绝缘被击穿或严重损坏。人体碰到壳体有强烈的电击感，但无法轻松摆脱。

（2）电器的绝缘性能不良。这种情况下，人体触及壳体有"麻手"感觉。

（3）电器本身的分布电容和绝缘电阻引起对地电压。这时人体碰到金属壳时有轻微的"麻手"感。

防止电器外壳带电的办法是将电器外壳接上可靠的接地线。这样，上述后两种带电情况泄漏的电流会通过接地线自动流入大地；如果是由于电器绝缘损坏而漏电，电路中保险丝会自动熔断，切断电源，从而保护使用者安全。

5-64 熔断器熔丝熔断是由哪些原因引起的？

答：熔丝是电气设备及家庭用电的安全保护元件，一旦线路设备发生故障便自行熔断，起到保护线路的作用。

从熔断器熔丝熔断后的状态可以初步判断故障性质，及时采取处理措施。一是熔丝外漏部分全部爆熔，仅有螺钉压接部位残存，此情况可以断定是线路设备发生短路故障，应彻底查明故障点、排除故障方可更换熔丝。二是熔丝中部产生较小的熔断缺口，此情况多为线路或用电设备长期过载造成，应查明过载原因，选择合适的熔丝重新压接好后方可恢复供电。三是断口在压接熔丝附近且断口较小，此情况可能是由于熔丝因与螺钉接触不良而熔断的，应重新压接熔丝恢复供电。

5-65 如何选用家用保险丝？

答：家用保险丝是安装在电气线路上的保护装置。当线路中发生短路或过负载时，由于电流的热效应，温度超过了它的熔点，保险丝就会被熔断，从而切断电路，保证了线路以及电气设备的安全，避免在线路上因出现大电流引发家庭火灾。

居民家庭用的保险丝应根据用电容量的大小来选用。如使用容量为5安的电表时，保险丝应大于6安小于10安；如使用容量为10安的电表时，保险丝应大于12安小于20安，也就是选用的保险丝应是电表容量的1.2~2倍。选用的保险丝应是符合规定的一根，而不能以小容量的保险丝多根并用，更不能用铜丝代替保险丝。

5-66 更换熔丝有哪些注意事项？

答：熔丝就是保险丝，用一定规格的铅、锡、锌等材料制成，是电气设备中最常用的短路保护装置。熔丝只能允许正常的电流通过，当发生短路或严重过载时，由于电流的热效应，熔丝会熔断切断电路。

更换熔丝时必须先切断电源，确保人体不与闸刀开关接电源的静触点等带电部位接触。更换熔丝的过程，操作者应站在绝缘物体上，确保人身安全。安装熔丝还需注意熔丝的正确缠绕方向，熔丝端头的绕向应与螺母旋转方向一致，这样才能越拧越紧。

5-67 为什么不能采用"一线一地"接线方式？

答：所谓"一线一地"是指用电时只用一根火线，自己另外接一根地线，从而达到窃电的目的。这种方式非常危险，所以严令禁止。比如用自来水管作为所谓地线的用电方式，经常会造成水管带电，造成停电、电压不稳、损坏家用电器等，还会触发严重的触电事故和火灾事故。用"一线一地"安装的电灯，开灯时当人拔起接地极就会引发触电，全部电流都会经过人体入地，如此触电的人十有八九都会死亡。

5-68 安装节日彩灯应注意什么问题？

答：安装节日彩灯时应注意如下问题：

（1）彩灯线路应采用绝缘铜线，彩灯主干线和分支线的截面应符合安全标准，两者最小截面不得小于2.5平方毫米，灯头线截面不得小于1.0平方毫米，每一分支线工作电流不应超过10安。

（2）彩灯电源应统一控制，每一分支线都应装有单独控制开关和熔断器。

（3）如果彩灯线路敷设的水平高度不高，可能触碰到行人的话，应悬挂"电气危险"的标牌，提醒行人注意；线路垂直敷设时，离地距离不应小于3米。

5-69 安装使用灯具，需要注意哪些问题？

答：灯具安装、使用不当，会伤害人的眼睛、引发火灾、触电等事故。安装使用灯具，需要注意以下问题：

（1）消费者购买灯具时要看清灯具的标记，仔细阅读安装使用说明书，并严格按照说明书的规定安装灯具。

（2）厨房、卫生间是家庭中易潮湿的场所，安装在此的灯具应装设防潮灯罩，以防潮气侵袭灯具产生锈蚀或漏电短路。

（3）功率在100瓦以上的电灯，不能使用塑料灯罩，必须采用瓷质灯座。这类灯具附近的导线应采用瓷管、石棉、玻璃丝等非燃材料制成的保护套保护，不能用普通导线，以免高温破坏绝缘，引起灯具短路。

（4）日光灯在安装时应与可燃吊顶保持一定的距离，并注意周围需具备良好的通风条件。

（5）灯管镇流器与灯管电压等级必须配套，不能将镇流器直接固定在可燃天花板或板壁上。

（6）更换灯泡时应先关闭开关，然后站在干燥绝缘物上进行操作。否则，一旦灯头漏电，人直接站在地上换灯泡，由于没有任何绝缘措施，后果不堪设想。还需注意，打扫卫生时，不要用湿手触摸和湿布擦拭灯泡，因为随着灯泡使用年限的增长，灰尘和潮湿会使灯泡绝缘损坏，有可能发生漏电。

5-70 可以用报纸折叠成灯罩放置在灯具上吗？

答：使用者应严格按照灯具说明说的规定安全使用灯具，严禁用纸、布或其他可燃物遮挡灯具。电灯的正下方不应堆放可燃物。各种照明灯具与可燃物之间的距离不应小于50厘米，电灯距离地面高度一般不应低于2米。如果必须低于此高度，应采用必要的防护措施，如在灯上套装金属网罩等。

5-71 随意改动电表箱有什么危险？

答：目前市场上有一些专为电表箱设计的装饰品，用来遮蔽电表箱表面，以达到美观效果。但是，这些装饰品有些为金属材质，有些需用铁丝固定，存在较严重的安全隐患。

一旦表箱上加装的这些铁丝弯曲，碰触到表箱出线空气断路器的带电部位，很容易发生短路。由于表箱的位置往往处于楼道内的暗处或者拐角处，如果有人不小心碰触到，就会发生触电事故。

5-72 电压不稳对家用电器有哪些危害？

答：依据国家电压质量标准，居民用户标准电压为220伏，允许偏差为

+7%到-10%。除非精密仪器,正常电压波动不会影响电器性能和寿命。电压频繁过低,家电容易发热,耗电量增大;电压频繁过高,家电内电子元件易烧坏,最严重时还可能造成电器外壳绝缘击穿、漏电。一旦客户发现家中照明灯、电视电脑屏幕持续忽明忽暗,家电内电动机转动发出异响,都可能是电压不稳造成的。

5-73 冬季蔬菜大棚用电应注意什么?

答:一要注意蔬菜大棚内不要使用大功率电器。由于大棚塑料薄膜是易燃品,大功率用电设备容易导致线路负荷过大和发热,引燃大棚薄膜。二要注意大棚内不能私拉乱接电线,要找专业电工接线、安装设备,确保大棚内用电线路规范。三是大棚属于特殊潮湿环境,电力线路接头点必须严格做好绝缘处理,避开容易发生渗水处。

5-74 工地常见安全用电隐患有哪些?

答:一些施工现场安全责任制落实不到位,常见的用电隐患有:用电安全管理混乱,电线随意拖拽,既没有架空,也不采取保护措施,甚至被碾压。电气设备无防雨措施,缺乏电气安全检验。作业人员操作时缺少防护措施和监护人。剩余电流动作保护器(漏电保护器)的装设存在漏洞,安装使用随意性大,没有定期检查、试跳、送检、试验和记录。

对于以上隐患,施工方应严格排查,加强作业管理,严禁在电力线路保护区内作业,严格执行"三级配电二级保护"的用电安全规范。

5-75 外出务工人员返乡后应注意哪些用电问题?

答:(1)务工人员返乡后,应重点检查闸刀、插座、开关、灯头等电气设备是否完好,如出现老化、损坏情况需请专业人员检修;购买开关、插座、闸刀、灯头、灯线等电气设备需辨别真伪,以防使用假货留下隐患。

(2)家用电器出现异常,如电灯不亮、洗衣机不启动、电气打火冒烟等,要先断电,再找电工处理。

(3)临时用电要申请,不要私拉乱接电气设备,不要自己私设闸刀、开关、插座等。

(4)家中的漏电保护装置不能用铜丝、铁丝代替熔丝。

5-76 电力线路保护区内植树对电网会构成哪些危害？

答：《电力法》规定，任何单位和个人不得在依法划定的电力设施保护区内修建可能危及电力设施安全的建筑物、构筑物，不得种植可能危及电力设施安全的植物；已种植的植物妨碍电力设施安全的，应当修剪或砍伐。《电力设施保护条例》也明确规定，架空电力线路保护区为导线边线向外侧水平延伸并垂直于地面所形成的两平行面内的区域，1千伏~10千伏，5米；35千伏~110千伏，10米。

在种树时，植树者有时会采用吊车等汽车机械对一些大型树木进行吊装施工。在此过程中，施工车辆也有可能会误触到带电线路，在植树挖坑时，大型挖掘机器也会对供电线路杆基造成影响，甚至发生倒杆（塔）事故，影响供电线路安全运行。

目前，国内架空高压输电线路的导线都是裸露的金属线，即使不与线路直接接触，在一定的距离内，高压线也会放电。因此，在这些输电线路通道之内不能种植高大的树木，距离导线较近的树木枝杈会使树木带电伤及行人，同时也会搭挂线路造成电线短路。

枝繁叶茂的树木往往会成为鸟类筑巢的首选地点。而如果树木种在线路下方，树木上鸟类的巢穴对线路也会构成威胁，鸟儿衔来各种物体筑巢，会给线路安全带来隐患。特别是下雨天，极易造成线路短路、跳闸。此外，一些儿童喜欢爬树，如果树木种植在线路下方，有可能会发生人身触电事故。

5-77 乱动室内外配电设施有什么后果？

答：居民不能随便乱动电能表以及室内外线路，以免造成线路和电气设备损坏。若用户怀疑电能表不准确或有其他问题，不能自行拆卸，应请供电公司专业人员操作。居民家的等电位箱是家庭用户整个电源的接地平衡接入点，不能随意改动，否则容易引发触电事故。如果没有等电位箱，漏电保护器往往探测不到漏电情况发生，因此就有可能发生危险。

5-78 燃放烟花爆竹为何要远离电力设施？

答：在电力设施周围燃放烟花爆竹，很可能导致电线被炸断、变压器意外着火。所以春节前后，燃放烟花爆竹一定要注意安全，远离电力设施。此外，烟花爆竹的主要成分是黑火药，含有硫磺、木炭粉、硝酸钾、镁粉、铝粉等成分，爆竹燃放时释放出的烟雾对环境造成污染，也会对电力设施造成污染，进而影响其绝缘性能。因此，《电力法》明文规定，燃放烟花鞭炮者若造成电力设施损害，将承担全部责任。

5-79　从照明电路上拉线接电安全吗?

答：普通照明线路截面小、负荷量低，从照明线路拉线接电很容易造成超负荷用电，会造成电线发热，引发绝缘层起火。

当室内大功率电器增多时，应提前到供电公司办理增容手续，更换大功率电表，及时更换相应的电线，使之与负荷相匹配。客户还应使用空气开关等设备，对室内电路进行有效保护。

5-80　"三线搭挂"有哪些安全隐患?

答："三线搭挂"是指部分电信、广播电视、网络运营单位在电力线路上违法搭挂各类弱电电缆、光缆。由于这类不按规定搭挂的线缆破坏了配电线路的承载受力平衡，致使电线杆超负荷，屡屡出现开裂、倾斜等现象，严重影响供电线路和行人车辆安全。《电力法》明确规定，任何单位和个人不得危害发电设施、变电设施和电力线路设施及其有关辅助设施。因用户或者第三人的过错给电力企业或其他用户造成损害的，该用户或第三人应承担赔偿责任。

5-81　私拉电网行为存在哪些安全隐患?

答：按照国家有关规定，电网只准用于国家、政治、军事、监狱等重点防范的场所，公民个人不允许私自安装电网。近年来全国各地，特别是广大农村地区，因私拉电网捕猎或防盗而导致的人畜触电伤亡事件屡屡发生。从安全角度来说，私设电网捕猎是极其危险的，因为私设的电网大多设置隐蔽，裸露的电线很容易造成人员触电，轻则受伤，重则致人死亡。同时，在中性线和相线触碰的瞬间，如果电网周边有易燃物品，可能会引发火灾，造成人员生命财产损失。

第六部分　家庭用电常识 》

6-1　我们常说的用电负荷是什么?

答: 用电负荷是指连接在电力系统上的一切用电设备所消耗的功率,这个值不是恒定的,而是随着用电客户用电量的增减而随时变化。负荷的单位是瓦、千瓦。我们平时说的"用了多少度电"指的是电量,是设备功率与时间的乘积。

通俗来说,一个地区的用电负荷会随人口增长、季节以及生活水平情况的变化而变化。所以,在夏季高温时节,随着使用空调等大功率用电设备的增加,用电负荷也会随之增长。

6-2　供电电压允许偏差范围是多少?

答: 根据《供电营业规则》第54条规定,在电力系统正常状况下,供电企业供到用户受电端的供电电压允许偏差为:

(1)35千伏及以上电压供电的,电压正、负偏差的绝对值之和不超过额定值的10%;

(2)10千伏及以下三相供电的,为额定值的±7%;

(3)220伏单相供电的,为额定值的+7%,-10%。

在电力系统非正常状况下,用户受电端的电压最大允许偏差不应超过额定值的±10%。用户用电功率因数达不到本规则第41条规定(100千伏安及以上高压供电的用户功率因数为0.90以上;其他电力用户和大、中型电力排灌站、趸购转售电企业,功率因数为0.85以上;农业用电,功率因数为0.80以上)的,其受电端的电压偏差不受此限制。

6-3　用电方的权利和义务有哪些?

答：（1）享受供电企业柜台、窗口、热线电话、网络等全方位的贴心、便捷、高效的用电服务；

（2）与供电企业平等协商，签订《供用电合同》；

（3）保证受电装置合乎国家或电力行业标准；

（4）客户应提供不受天气影响及任何非法干扰的空间，以安装记录供用电状况的设备；

（5）按时足额缴纳电费；

（6）不得危害供用电安全、扰乱供用电秩序，配合供电方防范和打击窃电行为；

（7）为供电企业依法查电和抄表提供方便；

（8）主动做好安全用电、节约用电工作。

6-4　如何界定供电设施的运行维护管理范围?

答：《供电营业规则》第四十七条规定，供电设施的运行维护管理范围，按产权归属确定，责任分界点按下列各项确定：公用低压线路供电的，以供电接户线客户端最后支持物为分界点，支持物属供电企业。

10千伏及以下公用高压线路供电的，以客户厂界外或配电室前的第一断路器或第一支持物为分界点，第一断路器或第一支持物属供电企业；35千伏及以上公用高压线路供电的，以客户厂界外或客户变电站外第一基电杆为分界点，第一基电杆属供电企业；采用电缆供电的，本着便于维护管理的原则，分界点由供电企业与客户协商确定。

6-5　高低压客户通过哪些途径获知停电信息?

答：对计划内停电，供电企业会提前七天通知客户，一般在当地党报固定版面、当地电视台。如果是专用变压器用户，可提前七天收到线路停电书面通知与手机短信通知。如果是低压客户，由各乡镇供电所通过电话告知。因供电设施临时检修需要停电的，供电企业将提前24小时通知重要用户。

6-6　家里停电报修应注意哪些?

答：居民家中停电报修时需要注意的是，先要确定是自己家中无电还是周围都没有电，如果只是自己家中无电，客户报修前先行检查家里的漏电保护器是否跳闸或者损坏、计量电表箱的熔丝是否熔断，排除以上情况后再向 95598 报修。如果周围居民家也没有电，可向供电服务热线 95598 或者物业管理部门报修。

在拨打 95598 客户服务热线后，客户要告知如下情况：报修人的姓名、联系电话、具体地址、停电范围（一户、一层、一个单元、几栋楼还是一片区）、有无明显的故障现象（线路和设备冒火、冒烟等）。

6-7 电压不稳把家电烧了，怎么办？

答：在电力系统正常的状况下，220 伏单相供电的，电压允许偏差为额定值的 +7%~−10%；在电力系统非正常状况下，客户受电端最大允许偏差不超过额定值的 ±10%。根据《居民用户家用电器损坏处理办法》（1996 年电力工业部发布）规定：

（1）由于供电企业的责任出现若干户家用电器同时损坏时，居民客户应及时向当地供电企业投诉，并保持家用电器损坏原状。供电企业在接到居民客户家用电器损坏投诉后，应在 24 小时内派员赴现场进行调查、核实。

（2）供电企业应会同居委会（村委会）或其他有关部门，共同对受害居民客户损坏的家用电器名称、型号、数量、使用年月、损坏现象等进行登记和取证。登记笔录材料应由受害居民客户签字确认，作为理赔处理的依据。

（3）供电企业如能提供证明，居民客户家用电器的损坏是不可抗力、第三人责任、受害者自身过错或产品质量事故等原因引起，并经县级以上电力管理部门核实无误，供电企业不承担赔偿责任。

（4）从家用电器损坏之日起七日内，受害居民客户未向供电企业投诉并提出索赔要求的，即视为受害者已自动放弃索赔权。超过七日的，供电企业不再负责其赔偿。

（5）经核实确属是因电力运行事故导致电能质量劣化引起居民家用电器损坏的，供电企业先对损坏家电进行修复，无法修复的，进行赔偿。

6-8 电力线路故障导致家电受损可否要求赔偿？

答：因电力运行事故导致电能质量劣化，供电企业应根据《居民用户家用电器损坏处理办法》规定处理。电力运行事故指在供电企业负责运行维护的220/380伏供电线路或设备上，因供电企业的责任，发生的下列事件：①在220/380伏供电线路上，发生相线与中性线接错或三相相序接反；②在220/380伏供电线路上，发生中性线断线；③在220/380伏供电线路上，发生相线与中性线互碰；④同杆架设或交叉跨越时，供电企业的高压线路导线掉落到220/380伏线路上，或供电企业高压线路对220/380伏线路放电。

居民客户发现家用电器损坏时，应及时向当地供电企业投诉，并保持被损坏家电原状。供电企业在接到居民用户投诉后，应在24小时内派人赴现场进行调查、核实。

根据《居民用户家用电器损坏处理办法》第九条规定：对损坏家用电器的修复，供电企业承担被损坏元件的修复责任。修复时应尽可能以原型号、规格的新元件修复；无原型号规格的新元件可供修复时，可采用相同功能的新元件替代。修复所发生的元件购置费、检测费、修理费均由供电企业负担。因电力运行事故导致居民家用电器损坏，供电企业对损坏家用电器修复的行为符合法律法规的规定。

6-9 楼道电线断了，谁来修？

答：供电设施的运行维护管理范围，按产权归属确定，一般来讲，居民楼建成后，开发公司在供电企业统一办理正式用电手续，并在办手续时将楼房内电能表的维护权移交供电企业。而其他的供电设施，如楼总闸、楼门分闸、楼内配线等则移交给小区物业进行维护。因此，楼房内停电，线路故障，若是属于物业维护范围的设施出了故障，则由物业处理。

6-10 家里遇电力故障该咋办？

答：如果家里突然停电，要根据停电面积确定是外部电力系统故障，还是内线故障。如是内线故障，加装漏电保护器的客户，要查看漏电保护器是否跳闸，如果跳闸，及时排除故障。如果没跳闸，检查家里总电源开关、单元总电源开关熔丝是否熔断，没断可能是其他内线方面的故障，客户可找产权单位或物业帮助解决。

6-11 无物业管理的小区如何解决用电故障？

答：按照城镇居民供电服务管理办法，结合小区无物业管理的实际情况，居民可直接拨打供电服务热线 95598 报修，供电服务人员将在规定时间内到达报修地点进行检查、检修。经检查确需添置如声控开关、线缆、照明灯管等物品的，由该楼道集体协商解决，其他安装维修费用可免除。

6-12 供电设施产权如何界定？

答：供电设施有很多，如：供电线路、变压器、电能表、电源开关、插座等，这些设施有些属于供电企业，有些属于居民，到底如何判断是谁的资产，一句话，谁投资就归谁，产权就属于谁。

6-13 供电设施上发生事故引起的法律责任如何界定？

答：《供电营业规则》第五十一条规定，在供电设施上发生事故引起的法律责任，按供电设施产权归属确定。产权归属于谁，谁就承担其拥有的供电设施上发生事故引起的法律责任。但产权所有者不承担受害者因违反安全或其他规章制度，擅自进入供电设施非安全区域而发生事故引起的法律责任，以及在委托维护的供电设施上，因代理方维护不当所发生事故引起的法律责任。

6-14 架空线占林地该如何补偿？

答：目前，我国法律法规对高空架设输电线路经过的通道如何补偿并没有明确规定。但此类补偿一般涉及四部分，即林木补偿费、森林植被恢复费、林地安置费和林地补偿费。

高空架设输电线路即使不占用林地以开辟保护通道，但在客观上会对林地所有人或使用人的权利造成影响，因此林地人往往希望该地被占用而获取补偿。如何补偿，关键是看电力塔（杆）是否占用了林地并使林木受损。然而林地是否需征用，是由建设方根据高空架设输电线路的高低和所经过林地的树木是否对线路有影响及危害程度来决定的。因此补偿一般遵循以下两点原则：

一、林地未被实际征用，仅需砍伐林木的，则供电公司只支付林木补偿费、森林植被恢复费；二、占用土地并使林木受损的，除依法办理有关征用手续外，供电公司应支付林木补偿费、森林植被恢复费、林地安置费和林地补偿费。因为这种情况林地的权属发生了变化，原土地所有人或使用人已不能正常使用或利用这部分土地。

6-15 防空区域电力线路谁维护？

答：根据《供电营业规则》第46条第3款规定，属于用户共用性质的供电设施，由拥有产权的用户共同运行维护管理。如用户共同运行维护管理确有困难，可与供电企业协商，就委托供电企业代为运行维护管理有关事项签订协议。防空区域线路产权不是供电企业，其维护责任应有产权单位承担，产权单位应聘请专业电工维修受损线路。

6-16 供电企业与用户的产权如何划分？

答：根据《供用电营业规则》第四十七条，供电设施的运行维护管理范围，按产权归属确定。电能表及出线以下部分资产归属用户，这就是产权分界点。但近年来，供电公司进行了电能表产权置换，即此前用户安装的电能表由用户出资购买，安装在用户处，由用户负责保管，现在根据智能电网建设的需要，由国家投资免费置换用户的电能表，由此，电能表的产权归属供电企业，其产权分界点下移至电能表的出线端，但用户仍然要负责看护保管。

6-17 建新房能否从旧房电能表上接线用电？

答：客户如将新房接线至原有电能表上用电，此行为属于转供电。《中华人民共和国电力供应与使用条例》第三十八条规定：违反本条例规定，有下列行为之一的，由电力管理部门责令改正，没收违法所得，可以并处违法所得5倍以下的罚款：（一）未按照规定取得《供电营业许可证》，从事电力供应业务的；（二）擅自伸入或者跨越供电营业区供电的；（三）擅自向外转供电的。因此，客户如需转供电，必须前往当地供电营业大厅，对新房用电进行重新申报，在此过程中，如果客户手续齐全，则不需要支付任何费用。

6-18 擅自攀爬高压铁塔是否违法？

答：擅自攀爬高压铁塔属于违法行为。《电力法》规定，扰乱电力生产企业、变电所、电力调度机构和供电企业秩序，致使生产、工作和营业不能正常进行，应当给予治安管理处罚的，由公安机关依照有关规定予以处罚。《刑法》规定，破坏电力、燃气或者其他易燃易爆设备，危害公共安全，尚未造成严重后果的，处3年以上10年以下有期徒刑；造成严重后果的，处10年以上有期徒刑、无期徒刑或者死刑。

6-19 为什么变压器附近禁止堆放垃圾？

答：在变压器台架下面堆放垃圾，容易引起火灾。垃圾经太阳暴晒，温度升高，容易起火燃烧，导致变压器、控制箱等电气设备损坏。遇到大风天气，堆放在变压器台架下的塑料薄膜飞到空中，可能会缠绕到变压器或配电线路上，引起线路短路，或导致人畜触电。变压器对地距离高于2.5米，垃圾等杂物堆高后，还会引发变压器对地安全距离不够，一些小动物可以由此爬上变压器，引发变压器故障，造成停电等故障。

6-20 院前有线路能否建新房？

答：《供电营业规则》第五十条规定：因建设引起建筑物、构筑物与供电设施相互妨碍，需要迁移供电设施或采取防护措施时，应按建设先后的原则，确定其担负的责任。

如供电设施建设在先，建筑物、构筑物建设在后，由后续建设单位负担供电设施迁移、防护所需的费用；如建筑物、构筑物的建设在先，供电设施建设在后，由供电设施建设单位负担建筑物、构筑物的迁移所需的费用；不能确定建设先后的，由双方协商解决。

6-21 盗割电线是否构成刑事犯罪？

答：我国《刑法》规定破坏电力设备罪，是指故意破坏电力设备，造成或者足以造成严重后果，危害社会公共安全的行为。司法实践中，行为人出于非法占有目的，盗窃电力设备或多次盗窃电力设备的，是构成盗窃罪还是破坏电力设备罪，区分的关键是看盗窃的电力设备是否处在使用中，是否危及公共安全。如果是，则同时符合盗窃罪和破坏电力设备罪的构成要件，根据重罪优先于轻罪的原则，以破坏电力设备罪追究刑事责任。《刑法》第118条、119条规定，构成破坏电力设备罪尚未造成严重后果的，分别判处3年以上10年以下有期徒刑。

6-22 哪些行为属于窃电行为?

答：根据《供电营业规则》等相关文件规定，窃电行为包括：在供电企业的供电设施上擅自接线用电；绕越供电企业用电计量装置用电；伪造或开启供电企业加封的用电计量装置封印用电；故意损坏供电企业用电计量装置；故意使供电企业用电计量装置不准或失效；采用其他方法窃电。

6-23 查明用户窃电该如何处理?

答：按照《供电营业规则》规定，一经查明有窃电行为，按以下方法处置：当场查封并没收窃电器具；当场停止供电或限制用电；由窃电者出具窃电情况的书面材料签字盖章；造成供电设备损坏的，要照价赔偿或支付修复费用；应按窃电设备容量、使用时间及电价、追补电费并处罚金；情节严重的，可送公安机关惩处或依法起诉，追究窃电者的刑事责任。

6-24 如何计算窃电电量?

答：按照《电力法》第71条规定，盗窃电能的，由电力管理部门责令停止违法行为，追缴电费并处应交电费5倍以下的罚款；构成犯罪的，依照刑法第151条或第152条的规定追究刑事责任。

按照《供电营业规则》第102条的规定，供电企业对查获的窃电者，应予以制止并可当场中止供电，窃电者应补交所窃电量电费，并承担补交电费3倍的违约使用电费。拒绝承担窃电责任的，供电企业应报请电力管理部门依法处理。窃电数额较大或情节严重的，供电企业应提请司法机关依法追究刑事责任。

《供电营业规则》第103条规定，窃电量按下列方法确定：

（1）在供电企业的供电设施上，擅自接线用电的，所窃电量按私接设备容量（千伏安视同千瓦）乘以实际使用时间计算确定。

（2）以其他行为窃电的，所窃电量按计费电能表标定电流值（对装有限流器的，按限流器整定电流值）所指的容量（千伏安视同千瓦）乘以实际窃用的时间计算确定。窃电时间无查明时，窃电日数至少以180天计算，每日窃电时间：企业客户按12小时计算，居民客户按6小时计算。

6-25 反窃电工作主要依据哪些法律法规？

答：《电力法》第七十一条规定：盗窃电能的，由电力管理部门责令停止违法行为，追缴电费并处应交电费五倍以下的罚款；构成犯罪的，依照刑法有关规定追究刑事责任。

《电力供应与使用条例》四十一条规定：违反本条例第三十一条规定，盗窃电能的，由电力管理部门责令停止违法行为，追缴电费并处应交电费五倍以下的罚款；构成犯罪的，依法追究刑事责任。

《供电营业规则》第一百零二条规定：供电企业对查获的窃电户，应予制止，并可当场中止供电。窃电用户应按所窃电量补交电费，并承担补交电费三倍的违约使用电费。

6-26 哪些行为属于违约用电？

答：根据《电力供应与使用条例》的规定，违约用电行为包括擅自改变用电类别；擅自超过合同约定的容量用电；擅自超过计划分配的指标用电；擅自使用已经在供电企业办理暂停使用手续的电力设备，擅自启用已经被供电企业查封的电力设备；擅自迁移、更动或者擅自操作供电企业的用电计量装置、电力负荷控制装置等。

6-27 "超容用电"属违约用电吗？

答："超容用电"，即超过合同约定容量用电。供电企业与每个用电客户签订的供用电合同中有明确的条款约定用电容量，是用电客户与供电企业共同履行的职责和义务之一。"超容用电"属于违约用电，供电企业随时可以根据电能计量表计等相关数据，判断用电客户是否存在"超容用电"行为。

6-28 什么是违约使用电费？

答：违约使用电费就是对用户违反供用电合同用电需交纳的费用。

《供电营业规则》第九十八条规定，用户在供电企业规定的期限内未交清电费时，应承担电费滞纳的违约责任，电费违约金从逾期之日起计算至交纳日止，每日电费违约金按下列规定计算：

（1）居民用户每日按欠费总额的千分之一计算。

（2）其他用户：①当年欠费部分，每日按欠费总额的千分之二计算；②跨年度欠费部分，每日按欠费总额的千分之三计算；电费违约金收取总额按日累加计收，总额不足1元按1元收取。

6-29　电工要考取哪些证件？

答：一个是《特种作业电工操作证》，即俗称的电工本，由安监部门核发。按照电工操作的电压等级以1千伏分界，低压运行维修本俗称低压本，高压运行维修本俗称高压本。考取高压本的电工要先考取低压本，考取低压本的一个月后可参加高压本的培训考试。

再一个是《进网电工许可证》，也就是俗称的进网证，由能源局核发。由于去年电监会并入国家能源局，现在进网证正在通过到期的续期注册换发能源局的新证。进网证也同电工本一样分高、低压，只是以0.4千伏分界，还有电力电缆、继电保护、电气试验三个特种专业，以满足不同电力专业的需求。

以上两证是有法律支撑的，政府部门颁发的，电工上岗前必须考取，我们通常所说的检查电工持证上岗就是指这两个证。

有时，我们也会听到别人说电工要持三证上岗的说法，这就要再介绍一个在技能鉴定部门考取的，由人力资源和社会保障部颁发的职业资格证书。它一般与薪酬挂钩，标志着电工的技能等级，分为初级工、中级工、高级工、技师、高级技师等五级。工种分为通用工种和行业工种，通用工种只分电工和维修电工两个专业，行业工种把电工分了30个专业。

具备了电工本和进网证就具备了电工上岗的基本条件，相当于具有了初级电工水平，可以胜任一般的电工工作。

6-30　生活中哪些物体是导体，哪些是绝缘体？

答：通俗来讲，能够传导电流的物体就是电的导体。铜、铝、铁、金、银等金属一般都是导体，常见的包括铁丝、钢筋、金属锅、金属水管、钥匙、金属梯子、小刀等；水以及潮湿的物体都是导体；碳素纤维制品也是导体，如钓鱼竿等；人的身体含有大量液体，人体的每个细胞都充满电解质，所以人体也是导体。

不容易导电的物体称为电的绝缘体。绝缘体的种类很多，固体绝缘体有常温下的玻璃、橡胶、塑料、陶瓷等；液体如各种天然矿物油；气体如一般情况下的空气、二氧化碳等。

需要特别提醒的是：绝缘体和导体之间没有绝对的界限，绝缘体在某些条件下可以导电，如受潮的木板或沾上水的橡胶鞋。

6-31 如何正确使用绝缘胶布？

答：在用电过程中，人们虽注意到电源线材料截面积的大小对电气的安全使用有影响，但往往对接头使用绝缘胶布不够重视。现在电源线路敷设越来越复杂，木地板下、墙中、隔板中及潮湿的地下或水中的均有电线，如果绝缘胶布使用不当，将会发生漏电，危及人身安全。那么，如何正确使用绝缘胶布呢？

电源线接头分"+"字接法、"-"字接法、"T"字接法等。接头应缠牢，光滑无毛刺，否则，在线头断开前，应先用钢丝钳轻压一下，再绕至压口处，然后左右摆，线头就会很服帖地在接头处断开。如果接头在干燥处，应先用绝缘黑胶布缠2层，再缠塑料胶带2层，再用绝缘自粘带拉长200%左右，缠2层~3层，最后缠2层塑料胶带。

因为直接使用塑料胶带缺点较多：塑料胶带时间一长易错位、开胶；电器负荷重时，接头发热，塑料胶带易熔化收缩；电源接头在接线盒内相互挤压，接头有毛刺时，很容易扎伤塑料胶带等。

这些隐患将直接危及人身安全，引起线路短路，造成火灾。而使用绝缘黑胶布就不会出现以上情况，它具有一定的强度、柔性，能长期紧缠在接头处，受时间及温度影响而密实定型，不会脱落，并且阻燃。再者，用绝缘黑胶布包裹后再缠塑料胶带能防潮、防锈。

当然，绝缘自粘带也有缺陷，它虽防水性能好但易破，所以最后需缠上2层塑料胶带作保护层，接头与接头的相互不粘，性能更好。

6-32 医用胶布可以代替绝缘胶布吗？

答：在日常生活中，有些人在改造室内线路或维修电器时，用医用胶布或伤湿止痛膏代替黑色的绝缘胶布包电线接头。这样做很危险，轻则造成线路短路，重则可能引发火灾和触电伤亡事故。因为医用胶布虽然黏性较好，但绝缘程度很低，容易漏电。

绝缘胶带又称绝缘胶布，家庭用电中常用于380伏以下导线包扎、接头、绝缘密封等。家用电器的电源线绝缘破损时，应先断开电源，更换电源线或用绝缘胶布包扎，不得用医用胶带、透明胶带或塑料布等其他物品代替绝缘胶布。

6-33 绝缘手套为什么要套羊皮？

答：绝缘手套是带电作业工作的必备防护用具，它为操作人员带来了全绝缘的防护环境，隔开电流的冲击和危害。一些绝缘手套外还套着羊皮，其目的主要是为了防磨和防刺穿。绝缘手套决不允许有划伤和破洞。因此，工作人员在进行带电作业前，应用力捏绝缘手套，查看是否有漏气现象。一旦绝缘不严或存在遮蔽现象就会发生绝缘刺穿造成事故，所以必须保证绝缘手套的完好无损。

6-34 荧光灯上的符号代表什么？

答：在日常生活中，荧光灯是使用最为普遍的照明工具，但是您了解荧光灯上标注的一些符号的含义吗？下面，就简单向您介绍一些。

1.表示荧光灯种类的符号

YZ：表示普通直管型荧光灯（Y为"荧光灯"汉语拼音的第一个字母，Z为"直"汉语拼音的第一个字母）；

YK：表示快速启动型荧光灯（K为"快速启动"）；

YS：表示瞬时启动型荧光灯（S为"瞬时启动"）；

YG：表示高频荧光灯；

YDN：表示单端内启动荧光灯；

YDW：表示单端外启动荧光灯；

YH：表示环形荧光灯；

YPZ：表示普通照明用自镇流荧光灯；

D：电子式（电感式自镇流灯符号省略）。

2.表示荧光灯玻管直径的符号

用TX表示灯的玻管直径。其中，T指管型玻管；X：指玻管直径，为（X / 8）英寸。

例：T12表示管型玻管直径为（12 / 8）英寸。

目前，国内型号命名中可直接用公制尺寸表示玻管直径。

3. 表示荧光灯色温的符号

RR：表示日光色（色温6500开尔文）；

RZ：表示中性白色（色温5000开尔文）；

RL：表示冷白色（色温4000开尔文）；

RB：表示白色（色温3500开尔文）；

RN：表示暖白色（色温3000开尔文）；

RD：表示白炽灯色（色温2700开尔文）。

4. 其他符号

CE：表示无线电干扰符合要求。

此外，灯管上还会有额定电压和功率等技术参数。

最后，我们举一个简单的例子，以T8YZ36RR为例，其表示的是管径为1英寸，功率为36瓦，日光色普通直管型荧光灯。

6-35 用电标识你都知道吗？

答：明确统一的标识是保证用电安全的一项重要措施。统计表明，不少电气事故完全是由于标识不统一而造成的。例如由于导线的颜色不统一，误将相线接设备的机壳，而导致机壳带电，酿成触电伤亡事故。

标识分为颜色标识和图形标识。颜色标识常用来区分各种不同性质、不同用途的导线，或用来表示某处安全程度。图形标识一般用来告诫人们不要去接近有危险的场所。为保证安全用电，必须严格按有关标准使用颜色标识和图形标识。我国安全色标采用的标准，基本上与国际标准草案（ISD）相同。一般采用的安全色有以下几种：

红色：用来标注禁止、停止和消防，如信号灯、信号旗、机器上的紧急停机按钮等，都是用红色来表示"禁止"的信息。

黄色：用来标注注意危险。如"当心触电""注意安全"等。

绿色：用来标注安全无事。如"在此工作""已接地"等。

蓝色：用来标注强制执行，如"必须戴安全帽"等。

黑色：用来标注图像、文字符号和警告标识的几何图形。

按照规定，为便于识别，防止误操作，确保运行和检修人员的安全，采用不同颜色来区别设备特征。如电气母线A相为黄色，B相为绿色，C相为红色，明敷的接地线涂为黑色。在二次系统中，交流电压回路用黄色，交流电流回路用绿色，信号和警告回路用白色。

6-36 用电需谨记哪些问题？

答：（1）所有浸水用电设备必须送家电专业维修部门检测绝缘，检测合格才能使用。

（2）如条件具备，应用欧姆表检测室内线路绝缘情况，检测合格才能送电。

（3）在送电前，检查漏电保护器，确保其合格。严禁用铜、铁丝代替保险丝，开关合不上时，要先查明原因，找专业电工检查、维修。

（4）合上总开关前，将所有电器的电源插头从插座上拔下来，将电灯开关断开。合上总开关，待线路运行一段时间后，再逐个合上控制开关，插上电器插头。

（5）插电源插头时，要把手擦干，站在绝缘物上。插上插头后，用验电笔检测电器外壳是否带电。如带电应立即拔下插头，不带电才能打开电器开关。

（6）发现有人触电，千万不要用手去拉触电者，应赶快切断电源开关或用干燥木棍、竹竿挑开电线。

（7）不要在被水浸泡过的电杆附近进行施工、取土等作业，防止电杆倾倒。

（8）发现电线低垂或折断，要远离避险，不可触摸或接近，并及时拨打电力服务热线 95598。

（9）雷雨天时，不要用手触摸马路边的树木、电杆及电杆拉线。不可走近高压电杆、铁塔、避雷针的接地线及接地体周围，以免因跨步电压而造成触电。

（10）家用电器被雨水浸泡后，损坏、老化漏电的，要及时找专业电工修理或更换。

（11）当闻到有烧胶皮或烧塑料气味，应赶快检查电线，发现电线有烧焦处，立即拉开闸盒。一旦发生电气火灾，在切断电源前灭火，不能用水浇，要用沙土覆盖。

6-37　家庭用电必须掌握的注意事项有哪些？

答：要知道电源总开关的位置，学会在紧急情况下关掉总电源。并注意以下问题：①使用大功率电器前，应避免同时使用，以防线路超负荷。如果因家电功率过高而导致开关频繁跳闸或熔丝熔断，首先要考虑错开使用电器，而不要随意更换大号熔丝或以其他金属丝代替熔丝。②不要在一个电源插座上插过多电器，大功率电器要使用专用插座。③使用正规、安全的电源插座，劣质插座容易漏电，还会发生短路等现象。插拔电源插头时注意不要碰及带电金属片，不要用手或导电物（如铁丝、别针等金属制品）去接触、探试电源插座内部。插座、开关的安装要牢固，四周无缝隙。④采用空调、电风扇、空调扇等电器降温时，通电时间不宜过长，特别注意不要让电器沾水或在潮湿环境下工作，不要用湿手触摸电器，不要用湿布擦拭电器等。⑤装接临时电源时，不能私拉乱接，要选用合格的电源线、电源插头。⑥定期对家庭用电电路进行安全检查，及时更换、改造有隐患的设施以及老化的线路。发现冒烟或闻到异味，要迅速切断电源检查。

6-38　怎样安全使用数字式万用表？

答：使用万用表测量前，应当先检查测量挡位是否准确。大多数情况下，数字式万用表的损坏是因为测量挡位错误而造成的。如在测量较高电压时，测量挡位选择置于电阻挡，这种情况下表笔一旦接触，瞬间会造成万用表内部元件损坏。当使用完毕后，应将挡位置于交流750伏或直流1000伏，这样在下次测量时无论误测什么参数，都不会造成损坏。

6-39　常见家用电工工具有哪些？

答：常见家用电工工具有试电笔、螺丝刀、钢丝钳、尖嘴钳等。家庭常备电工工具用于临时处理已停电设备的简单故障，建议非专业人士不要进行带电作业或处理复杂电气故障。

6-40　手持式电动工具分类有何区别？

答：根据国家规定，手持式电动工具分为Ⅰ类、Ⅱ类、Ⅲ类。Ⅰ类工具为金属外壳，防触电保护除基本绝缘外还包含附加安全措施，把易触及的导电部分与设备中固定布线的保护（接地）导线连接，使其在基本绝缘损坏时不会变成带电体。Ⅱ类工具外壳是绝缘体，防触电保护不仅依靠基本绝缘，增加了附加绝缘，采用双重绝缘起保护作用，适用于比较潮湿的工作场所。Ⅲ类工具的防触电保护依靠安全电压供电，工具内不产生比安全电压高的电压，适用于潮湿的作业场所或在金属容器内作业。

6-41　如何安全使用电动工具？

答：安全用电应注重细节。一些使用者对电动机具的品牌比较看重，但在使用过程中，却不注意维护。这也会产生意想不到的危险。

较为突出的就是电动工具的连接电源线维护不当。在日常作业中，一些使用者随意在地上拖拽，用重物挤压电源线，这些行为都会造成电源线绝缘能力降低或者损坏，形成隐患。在天气潮湿情况下，容易导致触电事故。

使用者不得随意拆装或调换电动工具的电源线。在使用电动工具时，应注意现场的作业环境，移动电源线时应注意确保安全。此外，使用电动工具时，严禁把电源线直接接到插座里，以免有人碰到电源线触电。

6-42　选购和使用验电设备应注意什么？

答：验电时，应使用电压等级合适且质量合格的验电设备。不同电压等级的电力设备各有相应等级专用的验电器，切不可乱用。比如，用低等级验电器检测高等级的带电体，会造成验电器烧毁，严重时有可能引发人身触电事故。如果用高等级验电器检验低电压等级的带电体，就会发生误判断，有电也会显示为没电，同样存在人身触电隐患。

一般家庭使用低压验电笔较为普遍。使用前，我们要先确认验电笔能正常工作。使用时，必须要正确握持，大拇指和中指握住电笔绝缘处，食指按在笔端金属帽上。注意，此时人体的任何部位都不能触及周围的金属带电物体。使用者持笔逐渐靠近被测物体，当带电体与大地之间的电位差达到一定程度，验电笔中的氖气灯便会发光。光的强弱与电压高低成正比。注意，验电笔下端的金属部分不能同时搭在两条导线上，以免造成相间短路。

6-43　试电笔的基本结构和正确使用方法是什么？

答：试电笔俗称电笔，是电工用来检测插座、电线、家用电器外壳等物体是否带电的工具。试电笔主要由笔尖（金属体）、电阻、氖管、笔身、笔尾（金属体）等构成，检测物体时氖管发光表示物体带电。

一般家用试电笔检测电压的范围为60伏~380伏。低于60伏的电压，氖管不会发光；高于380伏的电压不能用家用试电笔检测，否则极易发生触电危险。

6-44　怎样安全使用低压验电笔？

答：使用低压验电笔，应事先了解安全注意事项。一是在测量电气设备是否带电前，应找一个已知电源验证验电笔的氖泡是否正常发光，正常发光才可使用；二是注意检测验电场所内的光线，仔细看氖泡是否真的发光，必要时可用手遮挡光线判别，防止造成误判断；三是雷雨天气不宜使用低压验电笔检测导体是否带电。还需注意，低压验电笔的测量范围在60伏~500伏之间，若测量电压过高，会击穿低压验电笔，造成触电事故。

6-45　低压验电笔的种类、基本结构和测量的电压范围是怎样的？

答：验电笔俗称电笔，是广大电工朋友随身携带的常用的电气安全工具，其外形分为笔型、改锥型和组合型等多种，主要是用来检验低压电气设备和线路是否带电的一种专用工具。目前，低压验电笔通常有氖管式验电笔和数字式验电笔两种。

1.氖管式验电笔

氖管式验电笔的结构通常由笔尖（工作触头）、电阻、氖管、弹簧和笔身、笔尾（金属体）等构成。验电笔一般利用电容电流经氖管灯泡发光的原理制成，检测物体时氖管发光表示物体带电，故也称发光型验电笔。低压验电笔在使用中需注意以下几点：

（1）使用前应在确认有电的设备上进行试验，确认验电笔良好后方可进行验电。在强光下验电时，应采取遮挡措施，以防误判。

（2）验电笔可区分相线和地线，接触电线时，使氖管发光的线是相线，氖管不亮的线为地线或中性线。

（3）验电笔可区分交流电和直流电。使氖管式验电笔氖管两极发光的是交流电；一极发光的是直流电，且发光的一极是直流电源的负极。

（4）验电笔还可以判断电压的高低。如果氖管灯光发亮至黄红色，则电压较高；如氖管发暗微亮至暗红，则电压较低。

值得注意的是，不得随便拔掉或损坏验电笔工作触头金属部位的绝缘套保护管，防止在测量电源时，手指误碰工作触头金属部位，从而避免触电伤害事故的发生。

2. 数字式验电笔

数字式验电笔由笔尖（工作触头）、笔身、指示灯、电压显示、电压感应通电检测按钮、电压直接检测按钮、电池等组成，适用于检测12伏~220伏交直流电压和各种电器。数字式验电笔除了具有氖管式验电笔通用的功能，还有以下特点：

（1）当右手指按断点检测按钮，并将左手触及笔尖时，若指示灯发亮，则表示正常工作；若指示灯不亮，则应更换电池。

（2）测试交流电时，切勿按电子感应按钮。将笔尖插入相线孔时，指示灯发亮，则表示有交流电；需要电压显示时，则按检测按钮，最后显示数字为所测电压值；未到高段显示值75%时，显示低段值。

一般家用验电笔检测电压的范围为60伏~380伏。低于60伏的电压，氖管不会发光；高于380伏的电压不能用家用试电笔检测，否则极易发生触电危险。

6-46 验电笔除了可以判断物体是否带电外，还有什么用途？

答：（1）可以用来进行低压核相，测量线路中任何导线之间是否同相或异相。具体方法是：站在一个与大地绝缘的物体上，双手各执一支测电笔，然后在待测的两根导线上进行测试，如果两支测电笔发光很亮，则这两根导线为异相；反之，则为同相。这是利用测电笔中氖泡两极间电压差值与其发光强弱成正比的原理来进行判别的。

（2）可以用来判别交流电和直流电。在用测电笔进行测试时，如果测电笔氖泡中的两个极都发光，就是交流电；如果两个极中只有一个极发光，则是直流电。

（3）可以判断直流电的正、负极。将测电笔接在直流电路中测试，氖泡发亮的那一极就是负极，不发亮的一极是正极。

（4）可用来判断直流是否接地。在对地绝缘的直流系统中，可站在地上用测电笔接触直流系统中的正极或负极，如果测电笔氖泡不亮，则没有接地现象。如果氖泡发亮，则说明有接地现象，其发亮如在笔尖端，则说明为正极接地。如发亮在手指端，则为负极接地。必须指出的是，在带有接地监察继电器的直流系统中，不可采用此方法判断直流系统是否发生接地。

6-47 如何巧用低压验电笔？

答：（1）判断交流电与直流电口诀：电笔判断交直流，交流明亮直流暗；交流氖管通身亮，直流氖管亮一端。

说明：使用验电笔之前，必须确认验电笔正常；在未确认验电笔正常之前，不得使用。判别交、直流电时，最好在"两电"之间作比较，就很容易辨别。

（2）判断直流电正负极口诀：电笔判断正负极，观察氖管要心细；前端明亮是负极，后端明亮为正极。

说明：测试时电源电压要为110伏及以上；若人与大地绝缘，一只手触电源一极，另一只手持电笔，验电笔金属头触及被测电源另一极，氖管的前端极发亮，所测触的电源是负极；若氖管的后端极发亮，所测触的电源是正极。

（3）判断直流电源正负极接地口诀：电笔前端闪亮光，正极接地有故障；亮光靠近手握端，接地故障在负极。

说明：发电厂和变电所的直流系统，是对地绝缘的，人站在地上，用验电笔去触及正极或负极，氖管是不应当发亮的，如果发亮，则说明直流系统有接地现象；若发亮点在靠近笔尖的一端，则是正极接地；发亮点在靠近手握的一端，则是负极接地。

（4）判断同相与异相口诀：判断两线相同异，两手各持一支笔，两脚与地相绝缘，两笔各触一根线，用眼观看一支笔，不亮同相亮为异。

说明：做此项测试时，切记两脚与地必须绝缘。因为我国大部分配网是按照380/220伏电压供电，且变压器普遍采用中性点直接接地，所以做测试时，人体与大地之间一定要绝缘，避免构成回路造成误判断；测试时，两笔亮与不亮显示一样，故只看一支即可。

6-48 怎样用验电笔区别漏电、感应电或静电积累呢？

答：严格地讲，鉴定漏电与否应该使用仪器检查，但用户大多数不具备这种条件。根据多年实践，有一种简便的辨别方法，供大家参考。

先用试电笔检查电器外壳是否带电，若试电笔氖泡发亮，可将电源插头拔下来翻转180度换个方向插入电源（若是三脚插头，可将插头内的两脚电源线对调一下），如果试电笔氖泡仍然很明亮，则说明电器漏电需送修；如果试电笔不再显示带电，则没问题，不必担心。当电器使用一段时间后，又呈现外壳带电现象，再将插头电源对调一下检查，若还是呈现带电，则说明漏电，否则是感应电或静电积累作怪。

需要注意的是，有的试电笔起辉电压较低，遇感应电也微亮，这就应与电源火线的起辉亮度作比较，实在不放心再借用仪表检查也不迟。此法也适于检查电视机拉杆天线带电问题。

6-49 为啥电话线、电视线和电力线不能同一个孔进入室内？

答：不能为了方便，将电话线、电视天线与用电进户线共用一个孔洞进入室内。因为电话线、电视天线是弱电，用电进户线是强电，共用一孔进入这种做法很不安全。当进户线的绝缘层发生老化及破损时，将导致电话线或电视天线带电，人在使用电话或触摸电视天线时，就有可能造成触电事故，而且也会影响电话收听、电视收看的质量。

6-50 导线断头焊接妙法？

答：电视机室外天线馈线、广播喇叭线等因某种原因而断开，人们会用直接绞合的方法接通。时间一长，经风吹日晒雨淋，绞合接头处氧化，接触电阻增大，会影响使用效果。为避免出现上述情况，可用下述方法焊接：首先把导线断开处两头绝缘外皮剥去15毫米，用砂纸去锈并绞接牢固；取一块焊点大的焊锡和适量松香，再取一块30毫米×30毫米的精装香烟盒内的金属纸。金属面向内，把绞接牢的线头、焊锡和松香包成一个小疙瘩，用两根火柴一起燃烧小疙瘩，等火柴梗燃烧完，去掉残余金属纸，两线头绞合处就会形成一个光滑、牢固的焊锡点。然后在其外边包上绝缘胶布，焊接即告结束。

6-51 电线可以从门窗缝隙穿过吗？

答：有人为了图方便，往往将电线从门窗缝隙直接穿过去，这种做法很不安全。因为电线受到挤压或摩擦时导线的绝缘层易受破坏，一些铝合金门窗的边缘十分锋利，极易刮破电线。同时，铝合金材料也是导体，一旦电线绝缘皮磨损，线芯和门窗接触，就会引起门窗带电。人们在开关门窗时容易引发触电事故。

此外，电线被门窗长期反复挤压，其内部的线芯容易断掉，引起线路断路、短路等。因此，当导线必须从门窗处穿过时，应在门窗缝隙套一段电线保护套管。

6-52 为什么家装线路接头不宜过多？

答：家庭装修施工时，电源、导线预埋入墙内，如果电源、导线安全质量不合格，等于埋下了一颗"定时炸弹"，随时都可能引发漏电情况。因此，穿墙电线应采用正规厂家生产的穿线套管。

此外，穿墙电线接头过多或接头处理不当也会造成隐患。如果电线接头、绝缘以及防潮处理不好，会引起断路、短路故障。一旦墙壁潮湿，则可能带电，对人产生严重威胁。

6-53 两孔、三孔插座有什么区别？

答：在家用单相用电设备中，特别是可移动式用电设备，如电饭煲、洗衣机、电冰箱等，都使用三脚插头以及与之相配的三孔插座，因为三孔插座是带接地保护的。带金属外壳的可移动电器，应使用三芯塑料护套线或三孔插座，这是为了防止触电事故。如果人为将三脚插头变为两脚插头，家用电器的金属外壳漏电后，人一旦接触家用电器可能会触电。

小功率电器一般采用两脚插头。

6-54 单相三孔插座如何安装才正确？

答：通常，单相用电设备，都应使用三芯插头和与之配套的三孔插座。三孔插座上有专用的保护接零（地）插孔，在采用接零保护时，有人在插座内将此孔接线桩头与引入插座的中性线直接相连，这是极为危险的。因为万一电源的零线断开，或电源的相（火）线、中性线接反，其外壳等金属部分也将带电，导致人员触电。

因此，接线时专用接地插孔应与专用的保护接地线相连；采用接零保护时，接零线应从电源端专门引来，而不应就近利用引入插座的中性线。

6-55 如何合理选择家用插线板及使用注意些什么？

答：电饭煲、电磁炉、电取暖器等大功率家用电器不得在同一插座、插线板上同时使用，单台电器使用插线板也应注意其额定电流不得超过插线板的额定电流，以防过载引起火灾。

一般家用插线板的额定电流都不会超过10安，部分插线板的额定电流甚至不到5安。而家庭经常使用插线板的电器，比如电取暖器、电熨斗额定电流都在5安以上，如果使用同一个插线板的电器过多，超过了插线板的额定电流，就会引起插线板发热，严重时会导致火灾和触电伤害。

不能根据插线板的插孔数量来判断其带负荷的能力，部分插线板因为产品质量问题甚至不能达到其标注的额定电流，所以，一定要根据大功率电器的额定功率、电流谨慎选用插线板。

6-56 家庭采用多用插座安全吗？

答：一些家庭电源布局不合理，建筑或装修房屋时未充分考虑插座数量，往往购置多用插座，并且同时开启插在插座上的多个电器。这样看似方便，但实际上却使插座过载，存在严重安全隐患。对于一些时常移动的小功率电器可以采用多用插座，但也需要谨慎使用，不要过载。对于位置相对固定的电器，如空调、冰箱、电磁炉、电脑等，应当各自单独接入固定插座。连接大功率电器的固定插座电源引线应采用铜芯线，其截面积应在2.5平方毫米及以上，才能保证安全。

6-57 多孔插座使用时应注意哪些事项？

答：使用时，首先要考虑到插座的额定电压和额定电流。有的人在使用多孔插座时，不考虑插座的额定电流，甚至盲目使用，插座有多少孔，就插多少用电器，这样用电是危险的。

在使用过程中，还应注意用电器开关与插头的配合。一般情况下在连接用电器时，应把用电器的电源开关关掉，再把插头插入。

带有三插孔的插座，最上边标有接地符号的为接地端。应将专用的接地线引入插座接地端，切不可把中性线或者相线与其相接。

在使用过程中，如果发现插座内部打火或接触不良，要立即停止使用电器。应对插座进行修理，看哪个部位接触不良。

6-58 选购家用墙壁开关、插座的基本方法是什么？

答：一看质量。优质墙壁开关插座产品的导电件应采用磷青铜，触点采用复合银，产品一般分量比较重。质量差的产品一般偷工减料，因而比较轻，这样导致塑胶材料强度不足，金属材料导电能力弱，容易造成安全隐患。

绝缘材料对于墙壁开关插座的安全性来说非常重要。购买时如果能对其外观做一下燃烧试验当然最好（如用火烧一下，一般来说，优质开关插座外壳不会变形、变色，不会留下燃烧痕迹；而质差开关插座外观则会变色、发软，甚至会燃烧，还伴有焦糊味）。如果没条件试验，从外观上看，好的开关插座一般无气泡，质地较为坚硬，很难划伤。

二看外观。好的开关插座外观材料一般选用PC材料，这种材料具有抗冲击、耐高温、不易变色的特性。表面色泽均匀、光洁平整。比较好的开关正面面板和背面底座都应采用PC材料，而劣质开关底座可能会用黑色尼龙料替换PC材料，尼龙材质杂质较多，较脆，耐热性也不好。好插座在晃动时没有任何声响，开关拨动的手感轻巧而不紧涩，而普通开关是非常软的，甚至经常发生开关手柄停在中间位置的现象。插座需要用插头试一试插拔力度是否顺畅自然，过紧或过松都不合适。

插座的孔从外面看如果有黑色的东西遮住看不到里面的铜片，那么证明有保护门结构，可以拿个发卡或硬的东西捅一下，捅不进去证明有自锁装置，是好的插座。

插座导电金属材料厚、宽，且亮度高的产品好。一些进口或合资的产品已不再采用传统的螺丝钉压线，而采用压板式接线端子，这样可以增加导线接触面积，提高导电性能。

另外，好开关对产品制造工艺很讲究，开关插座的外部塑胶边角及钢板支架无毛刺和瑕疵，面板色泽均匀，光亮度高，无麻点、黑点、针孔、尼龙后座无异味，大多使用防弹胶等高级材料制成，防火性能、防潮性能、防撞击性能都较高，表面光滑。

三看标识。产品的品牌标识，后座上的接线端口标识，3C认证标志，额定电流、电压等是否清晰，有无生产型号及生产日期，如没有或不清晰的产品是不正规的。

观察产品包装盒上是否有清晰的厂家地址、电话，包装内是否有使用说明和合格证。另外选购时，尽量选择额定电流值高的产品，一般厂家开关产品的额定电流是10安，而有些电器，如空调柜机应选用额定电流是16安的插座，更有安全保障。

四看设计与接线方式。墙壁开关插座人性化设计会让人使用时得心应手，如是否具有防雷功能，能否有效保护高价值电器的安全；两个相孔之间的间距若过小就影响到插头同时使用；电视插头是否采用新型接线弯头，可否360度方位调整接线等。好的产品具备上述各种设计方式。

现在许多家用墙壁开关插座采用快速接线方式——卡接线方式，就是把线剥出来不用螺丝，直接插到开关后面的接线孔中就可以了，大家也许觉得这没有什么，只是接线时方便而已，但接线方式很可以考验开关的用电安全性，不要忽略。

6-59 选购、安装插座时应注意哪些问题？

答：在多数由不合格插座引发的安全事故中，插座外壳的材质在很大程度上是引发事故的重要原因。插排"新国标"（国家质检总局和中国国家标准化管理委员会在2008年发布的《家用和类似用途插头插座 第2部分：转换器的特殊要求》）规定：在650摄氏度的灼热丝接触下，插座外壳不会出现着火的情况即为合格。

品质好的插座外壳大多使用复合阻燃等高级材料制成，防火性能、防潮性能、防撞击性能较高，表面光滑。选购时，消费者可凭借手感判定材质好坏。一般来说，表面不太光滑，摸起来有薄、脆、感觉的产品，各项性能是不可信赖的。好的插座外壳应无气泡、无划痕、无污迹。插座的插孔需装有保护门，插头插拔应需要一定的力度并单脚无法插入。要注意插座的底座上的标识：包括长城认证(CCEE)、额定电流电压，确保插座与负载电器匹配。

6-60 敷设"四线"时应注意什么？

答："四线"是指电线、广播线、电视线、电话线（宽带线），敷设时一定要分开，不准同杆架设，否则有可能使本来不带电的线路、设备带电，引发触电风险。"四线"进户时一定要明显分开。广播线、电话宽带线在电线下穿过时，与电线的垂直距离不应小于1.25米。

6-61 房间漏雨对用电安全有何影响？能马上用电吗？

答：一些老旧房屋或自建房屋因防水措施不足，可能会在雷雨天气中出现漏雨情况。房屋配电设施和家用电器可能会受潮甚至被雨水浸泡，导致绝缘水平下降，很容易造成短路和漏电，因此不能急于通电。

在通电前，居民应先请专业电工做好以下几项检查：

（1）先断开电源总开关，将所有电器从插座上拔下来，以防正在使用的电器因浸水、绝缘损坏而漏电伤人。同时，将照明灯光控制开关断开。

（2）对家用电器、线路进行检查。浸水导线、插座、开关要晾晒干，不再潮湿时才能使用；浸水电器再次使用前，应找专业人员对其绝缘性进行测试，绝缘合格才能使用。

（3）确保漏电保护断路器合格，熔丝正常工作。

确定用电设备没有问题后，居民方可合上开关，但也不要马上用电。等一段时间后，再逐个打开照明灯开关。插上电器插头后要用验电笔检测电器外壳，如带电应立即断电。

6-62 为什么拔插头时应握住插头，不能拉扯电线？

答：使用完电器，有的人为图方便，直接以拉扯电线方式拔插头，这种做法极易造成该插头电线的绝缘层受损而漏电。

6-63 插座无电灯却亮，如何处理？

答：室内部分有电，部分没电的情况，是由于室内线路出现短路造成的。室内有电说明电能表供电到客户家是正常的。所以，此类问题不由供电公司处理，客户可以联系物业电工或有进网作业证的电工处理。

6-64 家中着的电灯泡突然闪了一下就烧了，这是怎么回事呢？

答：一般是在刚开始用时容易烧，因为这个时候灯泡温度低，电阻小，电流大，功率大。

6-65 为什么节日出行务必切断家中电源？

答：节日出行，务必切断电源，避免电器长时间无人看护，发生故障引发危险。像电视、空调一类的家电产品，如果平时在家时就没有拔插头的习惯，那么节日离家出门前就需要记着拔插头了。

6-66 家庭照明如何节电？

答：（1）按照场景选择合适的节能灯具。

（2）选择灯具安装位置。生活中进行实际活动的范围是在离开灯具的安装位置的，为了得到必要的亮度。为此，选择符合使用要求的位置安装灯具，可以提高照明效率的。

（3）选择合适的控制方式。如对常用的双光源灯具，采用两级开关控制，也可以运用电子开关，做到人到灯亮，人离灯灭。

（4）维护管理照明电器。光源和灯具受到灰尘污染，使光通量降低，造成能源使用上的浪费。因此，定期清洁照明器具，可保持照明效率。另外，照明电器一般都有一定的有效使用寿命，当超出时，发光效率将降低，耗电量反而增加，所以，损坏、老化的照明电器要及时更换。

（5）提高照明反射率。明亮的室内装饰表面，天花板、墙、地板、家具等多用浅色调材料，可提高光的利用系数。如浅色调的室内环境可以用漫射型灯具照明，使光线均匀散射，增强光照环境的柔和性以及亮度。而深色调的室内环境最好使用光线较定向的反射型灯具，使光线较集中于所需要的使用表面。

6-67 节能小窍门有哪些？

答：第一，煮饭提前淘米，并浸泡10分钟，然后再用电饭锅煮，可大大缩短米熟的时间，节电约10%。

第二，不用电脑时以待机代替屏幕保护，每台台式机每年可省电6.3千瓦时，每台笔记本电脑每年可省电1.5千瓦时。

第三，出门提前3分钟关空调。空调房间的温度并不会因为空调关闭而马上升高。按每台每年可节电约5千瓦时的保守估计，相应减排二氧化碳4.8千克。

第四，电热水器即用即开，避免24小时通电。

6-68 随手关灯真的节电吗？

答：节能灯不同于白炽灯，"随手关灯"不会省电。节能灯开灯时的瞬时高电压是正常电压的2倍，开灯瞬间的耗电量是正常使用时的3倍。据估计，开关一次节能灯相当于持续点10小时的节能灯。同时，节能灯开灯后5分钟以上才会稳定发光，因此对于节能灯，不能像对待白炽灯一样时常开关。

所以说，"随手关灯"是有误区的，使用节能灯时若离开时间短，不关灯反而省电。若是要离开房间时间较长（半小时以上），再考虑随手关灯吧！

6-69 电热膜释放的热辐射对人体有害吗？

答：电热膜是一种通电后能发热的半透明聚酯薄膜，由可导电的特制油墨、金属载流条经加工、热压在绝缘聚酯薄膜间制成。工作时以电热膜为发热体，将热量以辐射的形式送入空间，让人体感到温暖，其综合效果优于传统的对流供热方式，发展潜力巨大，是电能替代产品的重要组成部分。

电热膜工作时释放的热辐射不但对人体无害，而且对人体健康还十分有利。经国家红外产品质量监督检验中心检测，电热膜的热辐射远红外线主波段波长为8微米~14微米之间，此波段远红外辐射可以促进人体微血管扩张，促进血液循环新陈代谢，使组织细胞充满活力。因此，客户可放心使用电热膜产品。

6-70 有哪些降低辐射的小窍门？

答：（1）家用电器切勿扎堆摆放，更不要同时使用。

（2）注意保持安全距离，身体距辐射源越远，受到的侵害越小。

（3）家电开启和关闭的时候电磁波辐射最强，尽量在这两个时刻将身体躲得远一些。

（4）不用的电器，一定要拔下电源插头。因为通电的电器照样能产生大量电磁辐射。

（5）长时间看电脑、电视后，应及时洗脸洗手，洗去面部皮肤吸收的辐射物质。

（6）多吃有抗辐射功效的食物，如番茄、西瓜、胡萝卜、西兰花、豆腐、绿豆、海带等，多喝茶水，能增强抵抗电磁辐射的能力。

（7）种植仙人掌、仙人球等植物，竹炭等吸波材料对减缓辐射也可以起到一定作用。

6-71 家庭用电量突然增大时如何自检？

答：如果发现家里的用电量突然增大，而家里又没有增加用电设备时，可以采用以下方法进行简易的检查：

（1）把终端箱进线总开关扳下，观察电能表1分钟~2分钟。如果此时电能表脉冲指示灯仍持续闪烁，可初步判断为电能表存在空走等问题，或者与其他人家里串户了，这种情况请到当地供电企业营业窗口申请验表。

（2）如果对家用电器的额定功率、使用规律比较清楚，建议观察1天~2天，估算出应使用的电量并与电能表进行对比。如果差异很大，可初步判断为表不准，请到当地供电企业营业窗口申请验表。

（3）经过上面的自检，如果判断电能表运行正常，可将家里所有用电设备的插头都拔下再观察电能表的运行情况。如果电能表脉冲指示灯仍持续闪烁，说明室内可能有漏电现象，应尽快请房屋产权部门或持有《进网电工作业许可证》的电工检查室内线路。

6-72 家庭用电线路如何布置？

答：单独配选的独立住房，必须在室外干燥的高处，安装进户线的保险盒、漏电保护器及闸刀开关。

电线不得裸露，宜配置隐蔽线，并应考虑散热条件。要选用比允许的线径截面大一些的电线，用PV塑料套管或瓷管穿线埋设，转弯处应用弯头或三通转接，并留出检查孔。电视电缆线和电话线应严格与电力线隔开一定距离布设，电力线最好走室内上方，电视电缆、电话线走下方。导线上不允许悬挂任何物件。

根据用电设备位置、种类、容量等条件，绘制电气配置图，照明、电源插座、大功率电气设备应分别设计各自的回路。

6-73 农村家庭电压不稳该咋办？

答：受供电半径长短以及一些大功率家用电器使用的影响，农村个别地区的家庭电压会时常有些波动，使电压出现不稳定情况。为了不影响家用电器的正常使用，建议采取如下措施。

（1）购买宽电压型家用电器。家用电器在设计时已经考虑到使用中的电源电压波动因素，使其在一定的电压波动范围内能正常工作。如果自己家中的电压不稳定，达不到国家标准（198伏~235伏属于正常电压），在购买时尽量选择宽电压型家用电器。

（2）避免同时使用大功率电器。现在家用电器很多，如电饭锅、电磁炉、电压力锅、电烤箱、微波炉、空调等，如同时使用难免会过负荷。过负荷的直接后果就是电流过大，导致线路压降过大，引起用户电压过低，导线发热，严重过负荷还会引起熔丝熔断或者空气断路器跳闸，导致家中断电，甚至引起火灾。因此，应注意大功率电器尽量不要同时使用。

（3）使用稳压器。若家中供电电压经常不在家用电器允许的电压范围之内（电压经常低于180伏时），就应该使用稳压器。购买稳压器时应注意三点：一是功能全，即稳压功能、自动断电功能和延时功能；二是选择与负荷相匹配的稳压器功率；三是购买合格产品。

此外，一旦发现电压异常，应迅速切断家用电器电源。一般用户可以凭经验判断电压是否正常。如果家用电灯的亮度变暗明显，表明电压过低；电灯明显变亮，表明电压过高；如果一开灯时，灯泡突然一亮就立刻烧了，说明电压明显升高。当然，有条件的家庭可以用万用表测试一下，如果电压超出了允许值，说明电源变压器或线路出现了异常情况。在电压出现反常的情况下，用户立即将家里的电器插头都拔下来，或拉开电能表箱内的空气断路器。

6-74 如何应对家庭低电压？

答：用电高峰时期，常出现电压过低现象，致使一些家电无法正常使用。家庭低电压有3种情况：

（1）家庭内部电气线路老化造成的低电压。这是由于电气线路使用年限较长，线路老化严重造成的。一旦使用大功率电器，就会造成线路末端电压下降，使得部分家用电器无法启动。这种情况下，客户应选择具备资质的电气安装施工人员对室内线路进行改造，必要时需重新布线，提高供电质量。

（2）家庭内部线路容量配置不足会造成低电压。随着大功率家用电器不断增加，如：空调、热水器等，功率在几百瓦至上千瓦，需要单独敷设线径不小于2.5平方毫米线路。当线路容量配置不足，就会导致线路过负荷、低电压和空气断路器跳闸，严重时会烧毁线路和电能表，发生火灾。这种情况下，客户应在用电负荷增加时，对电线进行同步更新，确保线路容量满足用电要求。

（3）超容量使用电器造成的低电压。在家用电器种类和数量增加的情况下，同时使用多台大功率电器，超进户线路容量用电，就会导致过负荷、低电压。这种情况下，客户应避免同时使用大功率电器，并到供电营业厅办理增容手续。

6-75 居民如何应对停电？

答：家中最好配备手电筒或应急灯。发生停电时，要保持镇静，不要慌张，先看看邻居家是否停电。

对于供电企业的计划停电，需要居民平时要留意报纸、电视台和供电企业网页上的停电消息。对于供电线路的故障停电，此时，最好关闭处于开启状态的电器，至少打开一盏电灯的开关，以便知道何时恢复供电。如果是家里故障停电，首先查看空气开关或家用漏电保护器是否跳闸，如果开关跳闸，说明室内有漏电现象；如果没跳闸，可能是其他内线故障。

6-76 出国用电要注意哪些问题？

答：中国与很多国家的电力系统不同。对于用电者来说，首先要注意电源电压，例如中国是220伏，有些国家是120伏、110伏，因此，在国外使用中国电器时要接一个变压器。其次，插座形状也有不同，有的电器是三芯插头，需要插在有接地的三芯插座上，如果掰掉接地端很不安全。

6-77 如何选购转换插头？

答：先来了解一下什么是转换插头？转换插头就是一头安插不同类型的插头，另一头接到电源插座上，使不同国家的插头能在全球不同国家互通，让全球不同国家的电器能到另外的国家使用。

出国旅游时，由于各国的电源插座形状、电压都不同，所以给电子产品充电时需要有适合目的地国家的转换插头。

选购转换插头时，一定要选正规的商店去购买，不要买街摊小贩的。建议选购目前市面上口碑较好的品牌转换插头，质量过关而且经久耐用，价格一般都在几十元左右，根据国家不同也有一定的差价。

如果你经常往返于各个国家，那么一个全球通用插头是你必备的选择。具有模块组合的全球通用转换插头，携带方便、使用便捷，无论你是到亚洲、欧洲，还是美洲和大洋洲都可以携带使用。另外，如果忘带转换插头。可以去机场的免税店看看，一般都有卖的。

6-78　充电宝为什么容易发生着火、爆炸？

答：事实上，"充电宝"是新兴的锂电池聚合物储电设备，自身有充电插头，根据容量大小可存储一定电量，直接通过交流电源对移动设备充电，相当于大容量的锂电池设备备用电池。而锂是极不稳定的金属，含锂的电池或者充电宝在摩擦或碰撞中很容易产生高温、火花。一旦不慎起火，目前常用的液态灭火器也束手无策，只能起到隔离火势的作用，等到锂全部消耗，火势才能熄灭。而且锂电池遇高温高热后也容易引起自燃。

6-79　充电宝您用对了吗？

答：目前，充电宝电芯一般采用锂离子电芯和锂聚合物电芯两种。选购时最好选择聚合物电芯的电池，其安全性较高，且寿命相对较长。好的移动电源实际充电转化率一般在65%至85%之间。正规厂商的产品包装上都会有厂家生产地址、电话、防伪码、条形码等信息。充电宝容量不是越大越好，日常使用选择中等容量体积小巧的产品即可。

6-80　为何充电宝上飞机不能托运也不能使用？

答：充电宝因其携带方便而成为游客出行必备，旅客乘坐飞机时，常会将锂电池充电宝误当成普通充电器，放在行李箱中托运，导致行李被卡在安检处。

根据民航局最新文件要求，考虑安全因素，坐飞机的时候不仅不能托运充电宝，且飞行途中不得使用充电宝给电子设备充电。有启动开关的充电宝，还要确保飞行过程中处于关闭状态。

那么，为何坐飞机时充电宝不能托运且不能使用呢？如果将充电宝直接放入行李中托运，相对客舱，行李在狭小的货舱空间更容易受到挤压和碰撞，充电宝容易发生自燃，加上货仓密封，无人看守，万一遇到自燃爆炸，后果不堪设想。所以，最好将充电宝随身携带，放置的环境相对宽松安全，发生危险也可以及时发现处理。即使是随身携带，充电宝就万无一失了吗？很多人会把充电宝和钥匙等尖利物品放置在一起。如果充电宝被图钉等尖利物品刺穿，散热不及时，也容易变成严重火情。

由于大容量的充电宝发生爆燃的危险系数更高，因此对于随身携带的充电宝，民航部门规定：充电宝额定能量不超过100Wh（瓦特·小时），无需航空公司批准；额定能量超过100Wh但不超讨160Wh，经航空公司批准后方可携带，但每名旅客不得携带超过两个充电宝；额定能量超过160Wh的充电宝，以及没有相关标识的充电宝，都严禁携带登机。

6-81 怎样给手机充电才正确？

答：（1）充电时间不可太长，可增加充电次数。充电时间不可以太长，充满即可，时间长了会严重影响电池寿命和发生危险。频繁的浅度充放电比深度充放电有助于延长电池的寿命，千万不要以为充电次数多会损坏电池，这个说法对锂离子电池并不适用。事实证明，如果一天中多次给手机充电，而非电池电量耗完时再充电，手机电池会更"高兴"。专家称，电量损耗10%时给手机充电效果是最好的。因此建议在有条件时就把手机插入充电器，这不仅有助于延长电池使用寿命，还有助于手机在一天中保持充足电量。

（2）新手机第一次充电无需过长。新手机第一次充电不需要充满12个小时，这是老式的镍氢电池才需要做的事，现在的电池都是锂电池或聚合物锂电池，它的初始化过程已在制造时完成，因此开始使用时不需要激活，第一次充电只需要和平时充电一样即可。

（3）不可以完全用光电。完全用光手机的电量，对电池寿命有严重影响，也不要等手机电量低报警了再充电。如果出门在外，担忧电量，可以通过调暗屏幕亮度、减少声音和振动、关闭推送通知、开启飞行模式等方式减少耗电。

（4）最好不要用万能充。万能充电器电流不稳定且质量参差不齐，应尽量使用原配充电器。非原厂的杂牌充电器尽管没有原装有保障，但可以使用，真正损害电池寿命的是质量差的仿冒充电器，因此千万不要贪图便宜买劣质充电器。

（5）不要让手机发热。智能手机电池对于温度很敏感，专家建议，如果在充电时注意到设备发热，首先要去掉保护壳。如果手机长时间暴露在烈日下，最好找个东西给手机遮下阴凉，这有助于保护电池的"健康"。

（6）适时重启手机。不管是人还是机器，都需要休息，手机也一样，长时间持续高效运转是会出问题的，比如反应慢、死机等。另外，为了实现电池续航的最大化，要时不时地给手机来次重启，因为长时间运行手机，手机会变得很卡，适时地重启可以给手机减压，延长使用寿命。

（7）关机/飞行模式充电快。在需要紧急充电的时候，关掉手机电源充电会比较快。此外还可以把手机调至飞行模式，切断数据的同步，提高充电效率。

（8）尽量少用充电宝。充电宝虽然方便，却没有测温、过流保护等功能，会降低电池的性能和寿命。因此只要条件允许，还是连电源直充最好。

6-82 使用电蚊香器要注意哪些安全问题？

答：夏季是蚊虫滋生的季节。一些居民选择点电蚊香来驱蚊，电蚊香分为电热片蚊香器和电热液体蚊香两种，它们都是利用发热元件的恒温作用使药物缓慢释放，挥发出灭蚊的气体。

使用者在使用电蚊香器时应注意：

（1）购买正规生产厂商的商品。使用前要留意正规产品包装的厂家具体信息和商品主要成分以及环保认证信息。

（2）使用电蚊香器前，应检查导线、插头是否完好，先将电蚊香药片放在电蚊香器的不锈钢垫片上，再通电。

（3）电蚊香器通电过程中，避免随意拉拽电线和插头。如发生接触不良情况，应先切断电源再行检查。

（4）使用完毕后，要及时拔掉插头。不要一直让电蚊香器处于带电工作状态，以防止其过热产生故障。

（5）要注意清除电蚊香器上的灰尘与污垢，注意不要将水洒入电蚊香器，以免引起内部电路短路。

6-83 用空调制热前要做哪些检查？

答：天气寒冷，一些居民使用空调制热。使用空调前应注意几点：空调安装位置是否恰当；空调是否安装在可燃构件上、周围有无易燃物；室内通风情况是否良好；空调室外机距离窗帘间距是否合适；空调冷凝器是否受阳光长时间直接照射。此外还需注意：空调电源线连接部位是否存在接触不良或松动、电源插头是否锈蚀。使用空调时，切勿刚停止马上又启动，这会造成空调压缩机负荷增加，导致电动机烧毁。

6-84 怎么选择蓄能式电暖器？

答：蓄能式电暖器利用蓄能技术，充分利用峰谷电价差异，将晚间低谷电以热能形式储存起来，等白天峰电时段释放热能取暖。若想房间达到一定温度，功率越小加热时间越长，有可能占用峰电。对于客户来说，蓄能式电暖器的功率不宜太大也不能过小，应在设备厂家的指导下选择功率与时间的最佳结合点。

6-85 选用燃气热水器还是电热水器？

答：这两种热水器各有优缺点。要根据家庭人口、面积选择合适容量来选择，同时，要关注热水器的安全性能、环保节能指标。

从家庭空间情况来看，如果家里要多路供水，用水量大，可以选择燃气热水器；人口较少并且厨房距离卫生间太远，建议用储热式电热水器或即热式电热水器，因为它可以直接安装在出水口附近，使用起来比较方便。

从安全和安装方便的角度来说，使用储水式电热水器干净卫生，不必分室安装，不产生有害气体，可以方便地调温，能适应于任何天气变化。而燃气热水器在使用过程中会因燃烧不充分而排出有害气体，使用不当会造成安全事故。

6-86 选购及使用电热毯注意什么？

答：（1）严禁购买使用质量低劣、没有合格证、无安全保护装置的电热毯。

（2）电热毯通电15分钟后温度会上升到38摄氏度左右，因此应及时将调温开关调到低温档或关掉电源。

（3）不能将电热毯折叠保存和使用，防止时间久了折断电热线造成电线短路或漏电，进而引发火灾。

（4）行动不便的老人和婴幼儿尽量不要使用电热毯，以防尿床等情况引起电源短路，发生触电危险。

（5）不能长时间使用电热毯，最好选用有安全指示灯和自动保护装置的电热毯。

（6）电热毯使用3年左右，就算没有损坏也建议更换。

6-87　家用电器摆放有哪些讲究？

答：家用电器除了有严格细致的安全标准，在使用中摆放位置也涉及安全性能问题，因此特别需要注意。使用电热毯时不要把电子手表放在附近，因为电子表不耐高温，电热毯温度会影响电子表的准确性。在电视机旁不宜摆放花卉，因为电视机的辐射会造成花卉凋谢枯萎。音响设备上不宜放手表，手表会受到音响设备磁场的影响，出线磁化，导致计时不准。洗衣机应放在干爽的地方，避免潮气腐蚀其机件，避免洗衣机内部电路因受潮而发生漏电。

6-88　家用电器如何省电？

答：冰箱省电窍门：

冰箱应放在通风透气的地方，最好不要放在厨房或角落。靠近门口的地方较为理想，放置的位置离墙壁最好保持大约10厘米的距离，这样可以让压缩机能更好地散热，也能达到省电的目的。冰箱周围的温度每提高5摄氏度，就要增加25%的耗电量。要想冰箱省电，要尽可能让它远离热源、远离灶台、暖气、空调热风口和其他电器，远离灯并避免太阳直射。

洗衣机省电窍门：

先将需洗涤的衣物在清水中浸泡10分钟~15分钟，略作翻洗，对难洗或污垢严重的洗涤物，需加少量洗衣粉搓洗干净，然后拧干，放入洗衣缸中。洗衣缸内应加40℃左右的温水，放水量与干洗涤物的重量比约为20：1，选择使用高效低泡沫洗衣粉，投放量为水的千分之二左右。此外，在洗涤物投入洗衣缸之前应取净口袋里装的东西防止钥匙、硬币等坚硬物体造成洗衣机内膛损伤。

6-89　家电如何避免损耗？

答：当你较长时间不在家中，需要对家电进行断电或适当的处理来避免损耗。

对于较易积灰的一类家电来说，在断电的同时也要做深层的清扫，避免再次打开时出现瞬间的故障。对家中安装的是储水式的热水器，在离家之前需要先将热水器中的水全部放干净，再进行断电处理，以避免存水在水缸内变质，同时对内胆造成腐蚀。对冰箱而言，如果没有特别的食物贮藏，不妨在回家前先给冰箱进行断电化霜，然后再重新插电使用。

6-90 家用电器不使用时，如不彻底断开电源，仍会耗电吗？

答：家用电器不使用时应彻底断开电源，否则，不但会增加待机耗电量，而且还存在安全隐患。这是因为一些具备待机功能的电器，如空调、电视机、电脑主机、电脑显示器、电饭煲、洗衣机、手机充电器、音响功放等，在电器关闭而未断开独立电源开关时，电器仍处于待机状态，所以会耗电。

6-91 双模变频空调更省电吗？

答：同时具备两种变频运行模式的直流变频空调即是双模变频空调，不具备双模变频运行模式的变频空调叫做"单模变频"空调。双模变频空调具有单模直流变频空调的所有优点，同时又有"高效省电"和"长效节能"两种变频运行模式，能满足所有用户的使用习惯和需求。如果用户使用空调的时间不是太长，就可以通过遥控器上的双模切换键自动选择"高效省电"模式运行空调，在兼顾节能和舒适的基础上，达到比同规格同能效比的单模直流变频空调省电20%以上的目标。如果用户使用空调的时间很长，选择"长效节能"模式运行空调，便能享变频空调带来的高效节能和高舒适性两大优势。

从节能的角度来看，单模变频空调有一个与生俱来的缺陷：开机后直到房间到达设定温度的这段时间内，耗电量很高，节能水平甚至不如同规格的定速空调。这是因为单模变频空调开机后，压缩机只能以高频率运转，运转频率通常在100赫兹以上。关于变频空调与定速空调哪一个更省电，业内曾经打了十来年的口水仗。定速空调阵营对于变频空调"不节能"的指责，主要依据就在于以前的单模变频空调，而单模变频空调在开机初期高速运行，耗电量大，节能水平不高；而国内很多消费者每天使用空调的时间并不长，结果使用变频空调并不能真正给消费者带来很好的省电效果。

6-92 应如何安全使用、保养电炊具？

答：电炊具不要空载通电加热，电炊具接通电源前，应放入食用油或餐料，不能通电后再放入食物，否则会损坏电器元件；不要多个电炊具共用一个电源插座，否则容易造成插座电线过载，引发火灾；避免电炊具在使用过程中剧烈震动或碰撞，否则容易使电炊具变形，造成电炊具损坏或漏电；电炊具切断电源后不要立即用冷水冲洗，或在烧干锅后加入冷水，这样很容易使电炊具底座的电热元件断裂。

6-93　如何防止家用电器被烧坏？

答：常用的家用电器的额定电压是220伏，正常的供电电压在220伏左右。当供电线路中因雷击等自然灾害造成的供电电压瞬时提高、三相负荷不平衡，户线年久失修发生断线，或因人为错接线等引起的相电压升高等原因发生电压升高，就会使电流增大导致家用电器因过热而烧损。要防止烧损家用电器，就要注意以下三点：一是用电设备不使用时尽量断开电源，二是改造陈旧失修的接户线，三是安装带过电压保护的漏电保护器。

6-94　燃气热水器电源插头每天插拔很麻烦，不知道一直插着电好不好？

答：拔来拔去不是好方法，这样会加大电阻，不但增加耗电量，减少热水器的使用寿命，严重时还会引发火灾。最好的办法是将电源插头插在带有开关的插座上，用热水时打开插座上的电源控制开关，不用时再关上，这样既安全又节电。

如果热水器的电源插座安装在卫生间，一定要选用具有防水功能的，避免水渗进插座，造成触电事故的发生。

6-95　新购家用电器安全使用要点有哪些？

答：新购家用电器一定要选择正规厂家生产的合格产品，切不可为了贪图便宜而购买三无产品。使用新电器时，应详细阅读电器说明书，严格按照规程操作。在移动电器设备时必须切断电源，发现电器设备冒烟或闻到异味（焦味）时，要迅速切断电源进行检查。

6-96　家用电器使用的安全事项有哪些？

答：启用家用电器前，先确定功率、电压、频率等涉电指标是否满足通电要求。

家用电器必须通过可断开式插座与电源连接。金属外壳的设备必须接地。电热设备必须远离易燃易爆物品，远离儿童活动范围。插入插头时，先插不带电电器一侧，再插带电源一侧；拔出插头时顺序相反。拔插头如有异常，先切断电源。手持使用的家用电器切记将电线缠在手上使用。不要自行拆卸家用电器，特别是带电状态的家用电器。使用电动家用电器应保持干燥，勿用腐蚀性液体或水擦拭电器。电热毯使用时不得直接接触身体。电热水器最好断电使用。使用微波炉、电热器、空调、电熨斗等大功率家用电器要错开时间，以防电线过载。

6-97 家用大功率电器如何确保用电安全？

答：大功率电器应单独引线，家电中的空调、电暖器、电热水器、电水壶、微波炉、电磁炉、带加热功能的卧式洗衣机等，耗电量都在1000瓦以上，墙内埋的线一般较细，带大功率电器易造成导线过载或接头过热烧断，查找起来十分困难，所以应从配电板处单独引线，一般用2.5平方毫米的软铜塑料护套线即可。

具体布线时，所采用的塑料护套线或其他绝缘导体应穿管保护，不得直接埋设在水泥或石灰粉刷屋内。否则一旦某段线路发生损坏需要调换，只能凿开墙面重新布线。

6-98 电采暖的种类有哪些？

答：电采暖是一种将电能转换成热能直接放热或通过热媒介质在采暖管道中循环，从而满足供暖需求的采暖方式。发热电缆、电热膜等电采暖技术舍弃了管道、管沟、散热片等设备，节省了建筑空间，供暖效果有明显提升。

具体来说，电采暖设备分为电暖器、电热膜、相变蓄热电热地板、电锅炉等。电暖器属于分散式电采暖，广泛应用于各类民用建筑。电热膜是一种通电后能发热的半透明聚酯薄膜，以热辐射方式将热量送入房间。加热地板采用电热膜或电缆将夜间低谷电储存，供白天采暖。电锅炉属于集中式电采暖，由集中供热管道将热汽输送到每个房间。

6-99 电采暖有哪些优点？

答：电采暖不仅节能环保、安全、寿命长，还可以实现自主采暖，不仅采暖时间无限制，用户还可以根据具体情况，实时调控温度。对用户来说，电采暖将采暖费与电费合一，省去了一项交费手续、减少了业主房屋的面积浪费、杜绝了供暖热水的跑冒滴漏隐患，电采暖器安装和维修都非常方便，省时省力。

6-100 电采暖布线需注意哪些问题?

答: 电采暖设备布线时,考虑到用电施工规范和防火安全需要,线路、闸盒等室内设备,安装位置都应远离门窗等木质结构以及窗帘等易燃物品。由于电采暖设备的出口温度较高,考虑到使用安全,居民不得将衣物、窗帘等易燃物品放置在电采暖设备上部。

6-101 如何使用电采暖设备比较省电?

答: 根据每个人使用习惯不同,电采暖设备耗电量也不同。电采暖温控系统把采暖时间分为六个时段,在达到提前设定的温度以后就会断电;等房间温度低于设定的温度时,系统就会自动启动。正常情况下,电采暖耗电量较大的原因主要是由以下几点造成:

(1)房屋位置处于阴面、楼体外墙保温设施做得不好、楼层较高、楼上楼下邻居不供热等原因,都会导致室内保温效果不好。如果想要维持温度,电采暖设备就会不断启动,弥补流失的热量。

(2)频繁开关门窗易使室内热气散失,造成室内温度降低,也会令电采暖设备不断耗电。提醒居民不要随意改变电采暖温控设备的温度。因为提升电采暖温度也会使耗电量增大,温度每增加1摄氏度,能源消耗增加5%。

(3)地面铺装材料也是影响电采暖耗电量的一个重要因素。在选择地面铺装材料时,要尽量选择导热性能好的地板。覆盖在电采暖系统上的地面装饰材料,最好选用瓷砖。如选用地板,应选用正规厂家生产的电采暖专用地板。

6-102 安装电地暖要注意哪些问题?

答: 小区住户可根据自身经济条件确定是否安装电地暖。相关数据显示,在正常情况下,电地暖每天每平方米的耗电量在0.5度(千瓦·时)左右,折算下来,一个冬季采暖季为140天,一平方米电地暖耗电量为70度(千瓦·时),按每度(千瓦·时)电0.5元计算,100平方米的房屋一个采暖季的电费为3500元左右。

使用电地暖,一般受天气影响较大。天气温暖时,电地暖每天开上一两个小时即可;天气寒冷时,电地暖最多开10小时,正常情况下8个小时就足够了。一般来说，第一个采暖季的耗电量会大一些。因为业主入住新房第一年，房屋比较潮湿，小区入住率低，电地暖的耗电量就会加大。此外，电地暖上最好铺瓷砖，暖房效果会更好。

6-103 使用家用电采暖散热器要注意什么？

答：第一，客户应仔细阅读说明书。说明书上不但有产品性能的介绍，更重要的是有关本款产品的使用须知和安全使用注意事项。

第二，使用前认真检查家用电散热器的插头、电线和电线与机体的连接处，看是否有磨损或连接不牢固的地方，如果有以上情况，建议使用者最好先不要使用，应及时与商家联系更换货物。

第三，注意开关的使用。在采暖器连接上电源后，建议先开最小档，防止过强的电流冲击，损伤机体。不使用时，一定要关闭开关，先关闭机体上的功率开关，再拔掉电源。

第四，家用电散热器的电源必须使用合格的、带地线的三孔插座，否则会有漏电危险。家用电采暖散热器功率较大，不宜与其他大功率的电器同时使用。

注意电线不要贴近机体顶部，以免机体过热将电线烫坏。

第五，家用电采暖散热器在工作时，机体顶部温度较高，上面不能覆盖物品。

6-104 家庭冬季使用电暖器应注意哪些事项？

答：安全措施及注意事项如下：

（1）电暖器的电源必须使用合格的、带地线的三孔插座，否则会有漏电的危险。由于电暖器功率较大，不宜与大功率的电器同时使用，否则容易损坏电暖器。此外，电暖器插座不能位于电暖器正上方，以防热量上升烧烫电源。当居室中无人时，一定要把电暖器电源拔掉。

（2）电暖器上不能覆盖物品，否则热量不能及时散发，会烧机及引燃其他物品。

（3）在安装与摆放位置上，电暖器应远离可燃物，背面离墙应有20厘米左右。如果将电暖器放置于浴室中供暖，更要特别小心，以防止电源遇水引起不良后果。最好将电源插座安在浴室外，而且电暖器的电线要有绝缘橡胶保护，并避免电线和机体的连接处与水接触。

（4）使用电暖器取暖时，使用者若将手、脚放在电暖器散热片上，很容易被烫伤。因此，不要太靠近电暖器。

（5）如需清洗电暖器，最好用软布蘸家用洗涤剂或肥皂水擦洗，不能用汽油、甲苯等释溶剂，以免使电暖器外壳受损。

6-105　如何安全使用电热水器？

答：（1）消费者应到商场购买正规生产厂家的产品，并仔细阅读使用说明，了解产品性能和注意事项。

（2）定期检查家中漏电保护装置是否正常、地线是否接地等。电热水器的插座应保持干燥，最好使用防水插座。

（3）储水式电热水器所采用的镁棒使用期限为2~3年。消费者使用电热水器3年，应主动联系售后部门更换镁棒。

（4）不超时限使用。电热水器的整机使用寿命一般为8年。用一段时间后，消费者如果感觉加热慢、耗电量大，应及时联系售后部门检查，杜绝安全隐患。如果坚持使用，必须请专业人员定期上门维护。

6-106　使用发热电器应注意什么？

答：发热电器有开启式、半封闭式（石英取暖炉）、全封闭式（电暖气）等，各种电暖炉功率、形式不一样，但构造原理相同，通电后都能达到700~1000摄氏度。在使用中，居民应注意以下几点：

（1）周围不可放置易燃物，更不要在电炉下放放置木板，不要将电炉放在可燃的盒子中。

（2）电炉通电使用时必须要有人看管，停用后要及时断电。

（3）电炉耗电量大，应选择绝缘良好、质量过关的电线和插座。

（4）电炉用完后，需要等表面温度下降后再放置到合适的位置，以防余热引发火灾。

6-107　使用电暖宝的安全注意事项有哪些？

答：寒冷季节，居民使用电暖宝时应注意安全。充电前，应当保持插座干燥。充电过程中，应先将插头插入贮水式电暖宝的插口，再接通电源。切忌将电暖宝抱在怀中边充电、边取暖，以防触电。袋装电暖宝在充电时，如发现袋身明显涨起，说明袋内有剩余空气，应先将袋内空气排净，切忌用尖锐物体重压、针刺电暖宝，以防漏液、漏电。

6-108 如何安全使用微波炉?

答：微波炉属于常用家电。它的用电负荷比较高，其核心部件是磁控管，微波炉的工作原理是利用电磁波发出能量加热食物，加热非常迅速，水分含量越高的食物加热就越快。但要注意，微波不能穿透金属，因此在微波炉中放置有金属边的容器或壁厚的容器都是耗时耗电的。

应将微波炉置放于平稳、干燥、通风的地方，微波炉背部、顶部和两侧都应留出10厘米以上的空隙，以保证散热良好，同时也应注意不要在微波炉顶部的散热窗栅覆盖物体。

微波炉使用时间长了就会老化，加热食物的耗电量会增大，也会增加辐射的危险。建议使用者经常检查微波炉的插头和插座，确保接触良好。防止出现过热现象，避免过负荷和接触不良导致火灾或触电事故。

6-109 使用"超龄"家电有哪些危害?

答：家电老化容易引起触电、火灾事故。"超龄"家电已过安全使用年限，生产厂家不再承担安全责任。在使用过程中，发现家用电器"超龄"后，要引起足够重视，经常进行检查，一旦发现不正常现象要及时检测，不再继续使用。为了自己和家人的人身、财产安全，一定要舍得淘汰"超龄"家电。

6-110 春季南方该如何保养家用电器?

答：南方春季较潮湿，家用电器零部件容易受潮，使得绝缘度下降，存在引发电线短路、烧毁家电的风险。建议客户可以每天可开启家电1小时~2小时，用家电运行时散发的热量驱走潮湿。用完电视机等电器后，最好能蒙上纯棉质地的布罩，有利于吸收电器内的湿气。在厨房、浴室等较潮湿的地方，要经常检查插座、电线的安全性能。将微波炉、电磁炉、热水器等电器安置在干燥通风且干净的地方，最好不要在水龙头、水管、水池附近放置电器。

6-111 如何避免家电受潮？

答：（1）关闭南向窗户防潮气入侵。在潮湿的阴雨天气，很多家庭会把门户紧闭，但这样容易造成空气流通不畅。其实，天气潮湿时不必把所有门户紧闭，只需要关闭朝南的窗户即可。因为暖湿气流从南方海面吹来，不开朝南的窗，在抵挡暖湿空气的同时，还可以利用其他朝向窗户的保证空气流通。

（2）家电最好每天开机一次。为了在阴雨天保护好家电，最好的做法就是经常开机，利用机器运转产生的高温驱散水汽，令其保持干燥。对于那些不频繁使用的家电，应该在合理位置放置一些干燥剂，然后再用防尘罩或者其他能防尘的物件盖住。避免将电视机、影音器材放置潮湿位置，避免将花瓶或水杯等装有水的容器，放置在电视机或影音器材上。

（3）注意家电放置环境。一般来说，放置家电的房间，环境相对湿度一般应为40%~60%为宜，因为湿度过高容易导致家电金属元件和电路的腐蚀。所以，应将家电放置于通风干燥处，切记不能放在窗口或空调出口处。有条件的家庭可以购买除湿机处理潮湿的室内空气。

参考文献

1. 刘铜锁.电力营销业务技能与服务规范问答.北京：中国电力出版社，2015.

2. 刘铜锁.供电服务知识与技能题解.北京：中国电力出版社，2016.

3. 刘铜锁.互联网+电力营销新型业务知识解析.北京：中国电力出版社，2017.

4. 刘铜锁.全能型乡镇供电所建设知识读本.北京：中国电力出版社，2018.

5. 供电营业规则.北京：中国电力出版社，2001.

6. 姜力维.电力客户服务风险防范与纠纷处理.北京：中国电力出版社，2014.

7. 国家电网公司.国家电网公司供电客户服务提供标准.北京：中国电力出版社，2011.

8. 高犁，陈杨，周敏，等.智能电网下的电力营销新型业务.北京：中国水利水电出版社，2014.